必携 実例でわかる福祉住環境

バリアフリー住宅読本

[改訂新版]

高齢者の自立を支援する住環境デザイン

高齢者住環境研究所
バリアフリーデザイン研究会
伊藤勝規

三和書籍

CONTENTS

介護保険制度の住宅改修の基本　　　P7～18

1 日常の動作をバリアフリーにする
動作とデザイン　—身体機能の変化に合わせた住まいのバリアフリーデザイン—

●加齢による身体機能の変化　　　P20～21

●歩く　　　P22～27

1歩1歩が健康を支える足の動き／ 加齢による足の変化が歩行に与える影響／ 歩行の変化／ 住まいに求められる床の性能／ 床仕上げ材の特性と使用上の留意点

●座る　　　P28～33

「座る」は行動の出発点／「立ち座り」の動作と加齢配慮／ 座り方と姿勢／ 身体に合ったいすを選ぼう／ 姿勢の変化（座位・立位）と住まい

●握る　　　P34～39

手の機能／ 手の用途「持つ」と機能低下／ 高齢者のかかりやすい手の機能低下と自助具／ 手の機能と住まい

●見る　　　P40～45

眼は人間が情報を得るための源／ 加齢によって眼はどのように変化するか／ 眼の変化が生活に与える影響／ 住まいにおける照明計画

2 日常の生活をバリアフリーにする
行為と空間デザイン　—日常生活の場面に応じた住まいのバリアフリーデザイン—

●入浴・排泄ゾーン　　　P48～63

こんな危険ありませんか／ 事故を防ぎ、快適な入浴をするためのポイント／ 浴室への配慮／ ワンルーム化で車いすでの移動や介助スペースを確保／ 入浴行為動作別に見る機器選び／ 便所への配慮／ 押入れスペースを便所にし、寝室と隣接させる／ らくな姿勢で動ける洗面・脱衣室

●就寝ゾーン　　　P64～75

いつまでも安心・快適な暮しを自立して過ごせる寝室の工夫／ 自立して生活する人のための寝室／ 介護者が必要なケースの支援／ 痴呆性老人のための寝室／ 高齢者居室はおかたの生活行為を行う部屋／ くつろぐ茶の間3帖を併設した高齢者居室／ 本人

の要求に合わせてできる在宅介護のちょっとした工夫／ 新築時にどこまで在宅介護を意識すればいいのか

●食事ゾーン　　　　　　　　　　P76～87

安全性、機能性、快適性を重視したLDK／ 生活を楽しむ空間づくり／ 高齢者の食事環境はどうなっているのか／ 各タイプ別注意すべきキッチンのポイント／ A Type（毎日料理を作って食べている高齢者）の場合、1. 機能性への対応策（身体に負担をかけない工夫）、2. 消し忘れに対する対応策——安全性の確保、3. 配膳と暖房の対応策——快適性の確保／ 車いすを使用して料理を作る人の場合のポイント／ 座りながら調理ができるキッチンレイアウト／ おいしい食事のために／ 居間の役割——明るく、楽しく憩える場所／ 居心地よくくつろぐために

●移動ゾーン　　　　　　　　　　P88～99

駐車場と玄関アプローチへの配慮／ エントランスアプローチの配慮／ 玄関への配慮／ 廊下への配慮／ 階段への配慮／ 補助具の選択

住宅改修とデザイン

3 住居をバリアフリーに改修する
—予算別・場所別のバリアフリー改修工事の見積—

手すり工事　　　　　　　　　　　P102～121

①トイレや玄関までの長い距離を移動する。
②開き戸を引き戸に変更して開閉を容易にする。
③寝室～トイレ～玄関まで安全に移動できる。
④手すりを付け、ふらつきや転倒を予防する。
⑤手すりを付けてトイレ動作をスムーズに。
⑥手すりを付け、ふらつきを防止する。
⑦手すりを付けて、介助者の負担を軽減する。
⑧手すりを付け夜間も安全に移動する。
⑨失明状態でも安全に移動する。
⑩手すりの取り付けでトイレ～浴室までの動作がスムーズに。
⑪ドアを折れ戸に改修し開閉をスムーズに。
⑫段差解消で関節への負担も軽減。
⑬動線の変更と段差解消で寝室からトイレの移動がスムーズに。
⑭補助用具で日常の動作も安全でスムーズに。
⑮補助用具を用いて安全に入浴できる。
⑯入浴用リフトを取り付け負担を軽減する。
⑰段差を解消し移動が容易になる。
⑱肘掛式手すりで安全な排泄動作が可能。
⑲福祉用具の設置で転倒を予防する。
⑳スロープを付け、安全に屋外へ。

浴室工事　　　　　　　　　　　　P122～154

①縦手すり、横手すり、L型手すりの取り付け工事
②入浴台設置、手すり取り付け、すべり止めシート敷込み工事
③ドア撤去、カーテン取り付け、すのこ設置工事
④浴槽への出入り用踏み台、浴槽台の設置と手すり取り付け工事
⑤手すり取り付け、すのこ設置工事
⑥浴槽交換工事
⑦壁に浴室用ストーブ設置工事
⑧ドアを折戸に交換、手すり取り付け工事
⑨手すり取り付け、浴槽内すのこ、バスボード、シャワーいす設置

CONTENTS

⑩手すり取り付け、床段差緩和、入浴台設置工事
⑪踏み台設置、洗面台かさ上げ、手すり取り付け工事
⑫ドアを折戸に交換、すのこ設置、手すり取り付け工事
⑬浴室出入口の段差解消と出入りしやすい浴槽へ交換工事
⑭浴室出入口の段差解消と出入りしやすい浴槽へ交換工事
⑮浴室出入口の段差解消と浴槽交換、シャワーいす設置工事
⑯浴槽出入り用リフト設置、ドアを折戸に交換、すのこ設置工事
⑰浴槽、釜交換、床かさ上げ、ドア交換、手すり取り付け工事
⑱浴槽、釜交換、床かさ上げ、手すり取り付け、洗面台交換工事
⑲出入口の段差が小さく、浴槽高の低いユニットバスに交換
⑳シャワーいすでアプローチできる浴室に全面リフォーム工事
㉑ユニットバスを交換、腰掛式シャワー機器を設置工事
㉒３本の手すりを取り付ける。
㉓好きなときにシャワー浴ができる。
㉔トイレ、浴室の段差を解消する。
㉕以前のように自宅で入浴したい！
㉖段差をなくし、湯船につかる。
㉗手すりを用い、不安を解消する。
㉘滑り止めマットを用い、足元を安定させる。
㉙子供と一緒に入浴する。
㉚トランスファーボードを用いて、湯船につかる。
㉛リフトを用いて、安定した入浴を。
㉜自立に向けた洗面台、シャワー浴室。
㉝自立心を刺激する、洗面化粧台を設置する。

トイレ工事　　　　P155～178

①便器へのアプローチと、手すり取り付け工事
②ドアの撤去と、シャワーカーテン、手すり取り付け工事
③ドアの吊り元替えと、手すり取り付け工事
④出入口敷居撤去と、手すり取り付け工事
⑤床段差解消と、補高便座設置工事
⑥間仕切りを撤去し、アコーディオンカーテンと手すり設置工事
⑦昇降便座設置工事
⑧間仕切りを撤去し、便器下に補高台設置工事
⑨出入口ドアを引き戸に交換し、手すり取り付け工事
⑩和式トイレを洋式に変更（開口幅拡張、トイレガード設置）工事
⑪間仕切り変更と、３枚引き戸設置工事
⑫和式トイレを洋式トイレに変更（スペース拡張）工事
⑬和式トイレを洋式トイレに変更（出入口幅拡張）工事
⑭押入に洋式トイレを新設工事
⑮間仕切り壁を撤去し、洗面所とトイレをワンルームに変更工事
⑯和式トイレを洋式トイレに変更（廊下取り込み）工事
⑰和式トイレを洋式トイレに変更（押入取り込み）工事
⑱間仕切りを撤去し、トイレと洗面所をワンルームに変更
⑲和式から洋式へ。
⑳自立できるトイレ周り。
㉑手すりを使い、車いすから便座へ。
㉒自立に向け、トイレをワンルームに。
㉓ドアをレバー式にする。
㉔寝室からトイレへの移動をスムーズにする。

居室工事　　　　P179～196

①開口部に半柱を立て、手すり取り付け工事
②球状ドアノブをレバーハンドルに交換工事
③手すり４本取り付け工事
④テラス出入口にスロープ設置工事
⑤柱立てのうえ、取り外し式手すり取り付け工事
⑥襖を撤去し、手すり取り付け工事

⑦敷居撤去、V溝レール埋め込み、ゴムスロープ設置工事
⑧襖を2段に作り替えて、手すり取り付け工事
⑨建具下枠を撤去し、Vレール埋め込み工事
⑩階段と手すり、すのこを設置工事
⑪畳をフローリングに張り替え、出入口スロープ取り付け工事
⑫段差解消、間仕切り変更し寝室拡張、カーペット、カーテン設置
⑬キッチンセット交換工事

⑭居間に畳コーナーを設置
⑮畳をフローリングに張り替え、出入口3枚引き戸に交換工事
⑯畳をフローリングに張り替え、床暖房設置、3枚引き戸に交換
⑰キッチンセット、床段差解消コルクタイル貼り、床暖房設置
⑱室内（寝室、居間、食堂）の段差を解消、歩行器で移動する。

階段工事　　　　　　　　　P197～205

①手すりの取り付けと、転落防止用柵設置工事
②階段壁面に手すり取り付け工事
③壁開放側にポール型手すり設置工事
④柱を立て、手すり取り付け工事
⑤手すり取り付けとすべり止めカーペット取り付け工事

⑥階段昇降機設置工事
⑦土間と廊下の床を居室床のレベルにかさ上げ、階段昇降機設置
⑧曲がり階段に曲線型階段昇降機設置工事
⑨1～2階の移動を容易にする。

玄関工事　　　　　　　　　P206～218

①式台取り付け工事
②壁面に手すり取り付け、土間に踏み台設置工事
③下足入れに手すり取り付け、土間に踏み台設置工事
④土間に折りたたみ式いす、壁面に手すり取り付け工事
⑤土間に踏台設置工事
⑥土間に引出し式踏み台設置、手すり取り付け工事

⑦上がり框から外部まで2台の取り外し式スロープ設置工事
⑧土間かさ上げ、踏み台設置工事
⑨土間に電動式段差解消機設置工事
⑩玄関ドアを引き戸に交換工事
⑪土間に電動式段差解消機を埋め込み設置工事
⑫玄関の上がり框の段差を解消する。
⑬玄関土間の段差をなくす。

外構工事　　　　　　　　　P219～236

①外階段に手すり取り付け工事
②外階段に手すり取り付け工事
③アプローチの飛び石撤去、コンクリート打設工事
④アプローチにコンクリート平板を敷きつめ、木製スロープ設置
⑤アプローチにコンクリートスロープ打設し、手すり設置工事
⑥縁台撤去、コンクリートスロープ設置工事
⑦道路までの通路拡張と、コンクリート打設工事
⑧共同住宅の階段にスロープ打設工事
⑨段差解消のため、リフト設置工事
⑩縁先に木製デッキとスロープ設置工事

⑪蹴上げの小さい階段に作り替え、アコーディオン門扉に交換工事
⑫テラスに段差解消機設置、コンクリート打設工事
⑬居室から道路へ、木製デッキ、段差解消機、スロープ設置工事
⑭外用階段昇降機設置と、手すり取り付け工事
⑮玄関アプローチの段差を解消する。
⑯景観を損ねず、デッキで移動。
⑰1人で気軽に外出できる環境整備。
⑱寝室の掃き出し窓から車いすで自由に出入りする。

CONTENTS

4 トラブルとデザイン
やってはいけない！
バリアフリーの常識・非常識

P238～256

① 本人の動作確認なしに手すりを設置
② 建具メーカーの言葉を鵜呑みにしてしまった3mmの段差
③ 本人のことを考えた結果が家族に使いづらくなったすのこの設置
④ 本人の動作確認なしに無駄に取り付けた手すり
⑤ 壁面がないからと、別の壁に取り付けた役に立たない手すり
⑥ 利き手側である回り階段の内側に手すりを設置した
⑦ 手すりがなぜ必要かを考えない設置例
⑧ 使用者の動作確認なしに設置された玄関ベンチ
⑨ 浴槽のまたぎ動作の認識不足による浴槽の設置
⑩ 本人が望まぬスロープを無理に設置
⑪ トイレドアの吊り元変更後に新たな問題が発生
⑫ 手すりで首つりに
⑬ バリアフリー3枚引き戸から水漏れ
⑭ 階段の3段目から始まり2段を残して終わる手すり
⑮ 階段の直線部のみに手すりを設置
⑯ 家族が提案を受け入れてくれない
⑰ 必要な場所に壁の下地補強がない
⑱ ふろふたと手すりが干渉
⑲ 浴槽交換に伴うクレーム

バリアフリー関連の特選ホームページ①	P46
バリアフリー関連の特選ホームページ②	P100
バリアフリー関連の特選ホームページ③	P257

介護保険制度の住宅改修の基本

（株）高齢者住環境研究所代表
溝口千恵子

事前申請により悪徳リフォーム業者は撤退

平成12年4月にスタートした介護保険制度は、施行5年後の法改正（見直し）を平成18年4月に行い現在に至っています。

住宅改修に限って言えば、介護保険制度がスタートしてから問題になっていた悪徳リフォーム業者を排除し、高齢者の身体機能に応じた適切な住宅改修が行われるよう、この法改正で従来の事後申請から事前申請が義務付けられ、行政のチェックが工事前に行われるようになっています。介護保険制度を利用してのケアプランを考えるケアマネジャーが、住宅改修の必要性を判断し、利用者にとって必要であれば住宅改修の理由書を事前に提出することになりました。

事前申請に変わったことで悪徳リフォーム業者の排除と共に高齢者の身体機能に応じた適切な住宅改修が行われ、以前のような無駄な工事、役に立たない工事が減ったと考えられています。住宅改修事業者としては、申請に手間暇がかかるという事で、これを機に手を引いた事業者も少なくありません。継続して住宅改修事業者として仕事をしている事業者の多くは、在宅の高齢者と住環境整備の必要性を認識し、在宅生活を支える役割を担い続けることに意義を感じているものと思われます。

もう1度基本から
考え直してみる

　介護保険制度がスタートし、住宅改修がサービスに加わってすでに8年が経過しているため、ケアマネジャーをはじめとする専門職や、利用者、その家族等に住宅改修の必要性もかなり認識され浸透してきていることは確かです。しかし、安易な考え、知識に流されないためにも、もう1度基本的な考えを周知徹底することが必要ではないかと考えています。

　住宅改修とは、高齢になっても、障害をもっても、住み慣れた住宅で、できる限り長く、自立して暮らすための生活基盤の整備のことです。在宅生活を継続していくための支援の一部であり、ケアサービスの1つとしてケアプランの中に位置づけられています。在宅生活といっても「こういう生活をしなさい」「こういう生活をした方が良い」という話ではなく、「その人がしたい生活」をし続けることに意味があり、それを支援していくという考え方です。そして、住宅改修の目的は、高齢者の生活を改善することです。例えば、手すりを設置したとしても、これまで出来なかった動作ができるようになって生活しやすくなったというように、これまでの生活が改善されなくては何の意味もない工事になってしまいます。かつて介護保険制度スタート当初に多く見られた「改修ありき」の考え方は問題です。住宅改修によって利用者の生活上の行動範囲が広がり、安全性が増してはじめて意味のある住宅改修といえるのです。利用者本人のみの問題だけでなく、それによって家族の負担もより軽くなるという一石二鳥で、本人と家族の生活が改善されることを目指します。生活が改善されると、本人は「まだ頑張れるぞ」「今度はお風呂にも入れるかもしれない」「外出もできるかもしれない」と意欲が出てきて、生活への自信がついてきます。そして、ごく当たり前の生活ができるようになるわけです。そのためには、住宅改修が効果的になされなくてはいけません。その第1歩は、高齢者の日常生活上の問題点を見出すことから始まります。

高齢者の日常生活から
問題点を見直す、
そして原因の絞り込み

　高齢者の日常生活上の問題は、永年の慣れや、「そういうものなのだ」、というあきらめや思い込みなどで、なかなか本人自身からは要望が出てこないケースが多いのですが、家族や外部の支援者などが、本人の生活動作を冷静に観察することで、問題点を見出すことが可能です。「トイレへ行くのが大変だ」「入浴が大変だ」などはよく耳にする言葉ですが、何が大変なのか、原因の絞り込みが必要です。そのためには、生活動作を細分化して考えていきます。「入浴が大変だ」という問題に直面した時、入浴動作を細分化してみます。

　「寝室のベッドで起き上がる」「床に立

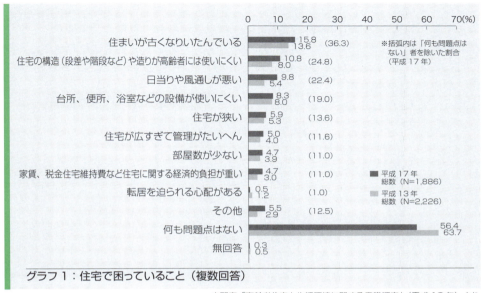

グラフ1：住宅で困っていること（複数回答）

内閣府「高齢者住宅と生活環境に関する意識調査」（平成18年）より

つ」「寝室の出入口まで移動する」「出入口建具を開ける」「脱衣室まで移動する」「脱衣室出入口建具を開閉する」「脱衣する」「洗い場に降りる」「シャワー水栓に近づく」「下洗いをする」「浴槽をまたぐ」「浴槽内でしゃがむ」―そして、その逆の繰り返しという一連の動作があります。どの部分でどの動作を行うときに問題があるのかを明確にしていくことにより、対処方法も明確になってきます。解決策としては、いきなり住宅改修をするのではなく、段階的に考えていくという考え方が必要です。なぜならば住宅改修は1度工事をしてしまうと、役に立たないからと元に戻すにも費用がかかり、建物も傷つきます。

本人・家族の意向確認・整理がなければ何の意味もない

段階的な考え方として、①住まい方をチェックする・家具の配置換えをする、②福祉用具を利用できるか考える、③福祉用具を利用しやすくするために住宅改修を考える、④住宅改修を考える―と段階を踏んで費用のかからない方法から考えて、最終的に住宅改修で対応する方法にたどり着くという経緯が必要でしょう。

また、住宅改修をしたからといって完全に問題が解決するわけではないケースが多々あります。どうしても介助力に頼

らざるをえない点があるからです。これらを整理したうえで、次に家族の意思確認、本人の意思確認が必要です。例えば「入浴が大変だ」の前提として、本人が「入浴したい」のか、家族が「入浴させたい」と思っているのか、それによって解決方法が異なるからです。本人が入浴したいと願っていても、家族が、そのための労力や危険を思うと、できることなら入浴サービスを受けさせたいと考えているのであれば、本人が入浴しやすいように住宅改修を行っても家族の満足は得られません。本人は入浴したくないと思っているにもかかわらず、家族が入浴させたいと思っている逆のケースもあります。最善の方法で住宅改修を行ったとしても、本人に生活動作を行う意欲がなければ、何の意味もありません。

このように本人と家族の間で意見が異なる場合の住宅改修は、決して十分な効果が得られませんので、家族と本人の意向の確認と整理が必要です。そのためには、住宅改修や福祉用具の導入によって、便利になる点とある程度我慢しなくてはならない点を十分に説明すること、それによって本人や家族の日常生活がどのように変わるかを提示することが必要です。介護の負担を軽減させる目的で行う福祉用具の導入や住宅改修が、それまでと異なった介護力を引き出してしまうケースもありますので、そこまでの説明が不可欠です。また、本人、家族以外の外部の支援者への説明も含め、本人の生活を支えるすべての人が住環境整備のイメージを共有することが大切です。福祉用具の導入や住宅改修は、家族と業者だけで進められていくことが多く、工事中の変更や工事後も有効に使われないなどのケースを多く耳にします。

対費用効果という視点、そして説明

これらの過程を経ても、最終的に必要な費用が明確になった時点で、予算が合わない、そこまで費用をかけるつもりがないなどの経済的な理由で、すべてが白紙に戻ってしまうということがよくあります。住環境整備を行うかどうかの判断は、最終的には費用によるところが多いと思われます。ただ、費用がかかりすぎるという理由で何もしないよりは、理想的とはいえない改修でも、ある程度の生活の改善が見られることもあります。そのためには100％完璧な改修案はないという前提で、常に「対費用効果」という視点を持つこと、そして、それを利用者、家族に説明して納得してもらうことが必要です。

介護保険制度の住宅改修費の限度額は20万円と限られています。しかも、要介護度が3ランク上がらないとリセットされません。ということは、多くの要介護者にとっては大切な20万円であり、効果的に使うことが求められているのです。

介護保険における住宅改修

1. 住宅改修の概要

要介護者等が、自宅に手すりを取り付けるなどの住宅改修を行なおうとするときは、必要な書類（自宅改修が必要な理由書等）を添えて、申請書を提出し、工事完成後、領収証等の費用発生の事実がわかる書類等を提出することにより、実際の住宅改修費の8割〜9割相当額が支給される。自治体により受領委任払い[※1]と償還払い[※2]がある。なお、支給額は、支給限度基準額（20万円）[※3]の8割〜9割（18万円）が上限となる。

[※1] 受領委任払い　注文者は自己負担分のみを工事業者に支払い、支給分は自治体から工事業者に直接支払われる。
[※2] 償還払い　一度全額を工事業者に支払い、後日支給分が自治体から注文者に支払われる。
やむを得ない事情がある場合には、工事完成後に申請することができる。
[※3] 支給限度額は所得によって異なる。

2. 住宅改修の種類

① 手すりの取付け
② 段差の解消 [※4]
③ 滑りの防止および移動の円滑化等のための床又は通路面の材料の変更 ※
④ 引き戸等への扉の取替え
⑤ 洋式便器等への便器の取替
⑥ その他前号の住宅改修に付帯して必要となる住宅改修

[※4] 法施行当初は、屋外における段差解消、床材の変更および手すりの取付けなどの工事については、玄関ポーチの工事を除き、住宅改修費の支給対象としていなかったが、告示改正により、平成12年12月以降、玄関から道路までの（建物と一体でない）屋外での工事も住宅改修の支給が可能となった。

3. 住宅改修の種類

・要支援、要介護区分にかかわらず定額
・1人生涯20万円までの支給限度基準額だが、要介護状態区分が重くなったとき（3段階上昇時）また、転居した場合は再度20万円までの支給限度基準額が設定される。

❖ 介護保険を受けられる福祉用具

1　厚生労働大臣が定める福祉用具貸与に係る福祉用具

介護保険の対象となる福祉用具は、介護保険法の第7条（貸与）に関する告示によって次のように定められている。
① 車いす

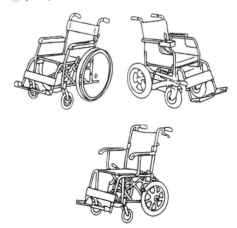

②車いす付属品

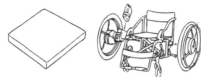

③特殊寝台

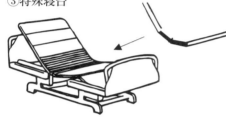

④特殊寝台付属品

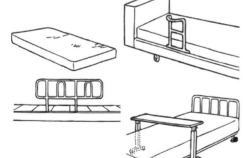

⑤床ずれ防止用具

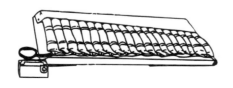

⑥体位変換器

⑦手すり

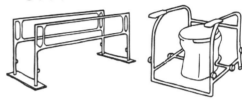

⑧スロープ

⑨歩行器

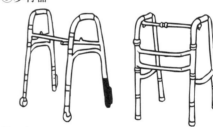

⑩歩行補助つえ

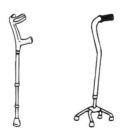

⑪認知症老人徘徊感知器

⑫移動用リフト（つり具の部分を除く）

2 厚生労働大臣が定める居宅介護福祉用具購入費等の支給に係る特定福祉用具
　介護保険の対象となる福祉用具は、介護保険法の第44条（購入）に関する告示によって次のように定められている。
①腰掛便座

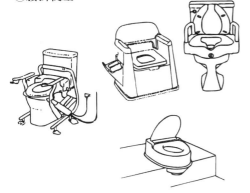

②特殊尿器

③入浴補助用具

④簡易浴槽

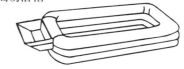

⑤移動用リフトのつり具の部分

❖ 住宅改修の流れ

① 住宅改修についてケアマネジャー等に相談

↓

②
申請書類又は書類の一部提出
・利用者は、住宅改修の支給申請書類の一部を保険者へ提出
・保険者は提出された書類等により、保険給付として適当な改修か確認する。
（利用者の提出書類）
- 支給申請書
- 住宅改修が必要な理由書
- 工事費見積書
- 住宅改修後の完成予定がわかるもの（写真又は簡単な図を用いたもの）

↓

③

↓

④
住宅改修の支給申請・決定
・利用者は、工事終了後領収書等の費用発生の事実がわかる書類等を保険者へ提出、「正式な支給申請」が行われる。
・保険者は、事前に提出された書類との確認、工事が行われたかどうかの確認を行い、当該住宅改修費の支給を必要と認めた場合、住宅改修費を支給する。
（利用者の提出書類）
- 住宅改修に要した費用に係る領収書
- 工事費内訳書
- 住宅改修の完成後の状態を確認できる書類（便所、浴室、廊下等の箇所ごとの改修前及び改修後それぞれの写真とし、原則として撮影日がわかるもの）
- 住宅の所有者の承諾書（住宅改修を行った住宅の所有者が当該利用者でない場合）

住宅改修の対象となる工事

（1）手すりの取付け

住宅改修告示第1号に掲げる「手すりの取付け」とは、廊下、便所、浴室、玄関、玄関から道路までの通路等に転倒予防若しくは移動又は移乗動作に資することを目的として設置するものである。手すりの形状は、2段式、縦付け、横付け等適切なものとする。

なお、貸与告示第7項に掲げる「手すり」に該当するものは除かれる。

（2）床段差の解消

住宅改修告示第2号に掲げる「床段差の解消」とは、居室、廊下、便所、浴室、玄関等の各室間の床の段差を解消するための住宅改修をいい、具体的には、敷居を低くする工事、スロープを設置する工事、浴室の床のかさ上げ等が想定されるものである。

ただし、貸与告示第8項に掲げる「スロープ」又は購入告示第3項第5号に掲げる「浴室内すのこ」を置くことによる床段差の解消は除かれる。

また、昇降機、リフト、段差解消機等動力により床段差を解消する機器を設置する工事は除かれる。

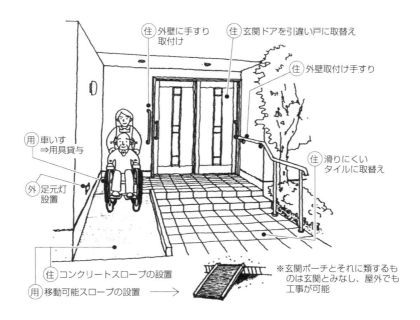

(3) 滑りの防止及び移動の円滑化等のための床材の変更

　住宅改修告示第3号に掲げる「滑りの防止及び移動の円滑化等のための床材の変更」とは、具体的には、居室においては畳敷から板製床材、ビニル系床材等への変更、浴室においては床材の滑りにくいものへの変更等が想定されるものである。

(4) 引き戸等への扉の取替え

　住宅改修告示第4号に掲げる「引き戸等への扉の取替え」

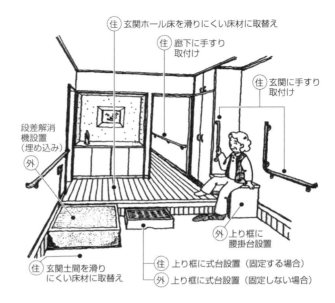

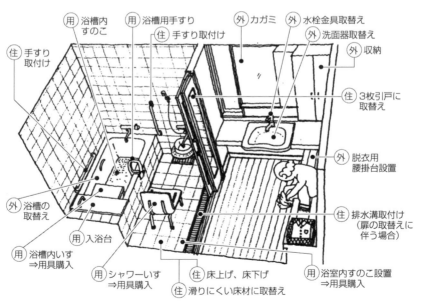

こは、開き戸を引き戸、折戸、アコーディオンカーテン等に取り替えるといった扉全体の取替えのほか、ドアノブの変更、戸車の設置等も含まれる。

　ただし、引き戸等への扉の取替えにあわせて自動ドアとした場合は、自動ドアの動力部分の設置はこれに含まれず、動力部分の費用相当額は、法に基づく保険給付の対象とならないものである。

（5）洋式便器等への便器の取替え

　住宅改修告示第5号に掲げる「洋式便器等への便器の取替え」とは、和式便器を 洋式便器に取り替える場合が一般的に想定される。

　ただし、購入告示第1項に掲げる「腰掛便座」の設置は除かれる。

　また、和式便器から、暖房便座、洗浄機能等が付加されている洋式便器への取替えは含まれるが、既に洋式便器である場合のこれらの機能等の付加は含まれない。さらに、非水洗和式便器から水洗洋式便器又は簡易水洗洋式便器に取り替える場合は、当該工事のうち水洗化又は簡易水洗化の部分は含まれず、その費用相当額は法に基づく保険給付の対象とならないものである。

（6）その他

（1）から（5）の住宅改修に付帯して必要となる住宅改修

　その他住宅改修告示第1号から第5号までに掲げる住宅改修に付帯して必要となる住宅改修としては、それぞれ以下のものが考えられる。

1）手すりの取付け

　手すりの取付けのための壁の下地補強

2）床段差の解消

　浴室の床の段差解消（浴室の床のかさ上げ）に伴う給排水設備工事

(3) 床材の変更
　床材の変更のための下地の補修や根太の補強
(4) 扉の取替え
　扉の取替えに伴う壁又は柱の改修工事
(5) 便器の取替え
　便器の取替えに伴う給排水設備工事（水洗化又は簡易水洗化に係るものを除く。）、便器の取替えに伴う床材の変更

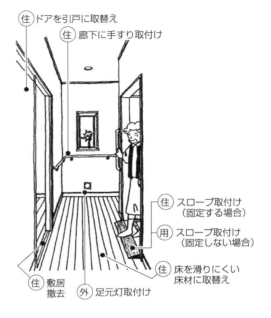

1
動作とデザイン

日常の動作をバリアフリーにする
―身体機能の変化に合わせた住まいのバリアフリーデザイン―

- ●歩く
- ●座る
- ●握る
- ●見る

加齢による身体機能の変化

加齢により、身体・感覚・生理の各機能の変化は誰にでも起こります。高齢者だけでなくても自分にそうした変化が起こったらどうなるか想像し、生活環境を見直すことで問題点や発見があるはずです。加齢を漠然ととらえず、ひとつひとつの機能がどのように変化し、生活にどう影響するか具体的に考えてみましょう。そうした状態を知ることが加齢に対応する住まいづくりにつながります。

この章では、身体機能のなかでも特に住環境と密接なつながりをもつ「歩く」「座る」「握る」「見る」の動作に着目しました。4つの動作を支える身体の成り立ちや動きの特性を理解したうえで、加齢への対応を考えてみましょう。

■具体的な病気をもっていない高齢者の身体機能の変化の例

身体機能の変化	
記憶力 思考力	●物忘れが多い ●思い込むことがある
見る	●老眼 ●老人性白内障 ●順応力が衰える
嗅ぐ	●嗅覚が低下する
聞く	●聞こえにくくなる
皮膚感覚	●感覚が鈍る ●皮膚が乾燥する
握る	●手先がきかない ●握力・指先の力が弱る
座る 立ち上がる	●足腰が弱る
歩く	●バランスが悪くなる ●足先がきかない
排泄する	●回数が多くなる

I 動作とデザイン

加齢による身体機能の変化

日常生活への影響	住まいの工夫の例
・モノをどこにしまったかわからなくなることがある	・見やすく整理できる収納 ・出し入れがしやすい位置に収納する
・まぶしさを感じやすくなる ・明暗の対応に時間がかかる	・光源が直接見えない器具を選ぶ ・ゆっくり、明るくなる照明 ・階段の段差がはっきり見えるよう照明を設置する
・ガスもれに気付かないことがある	・ガス感知装置付設備
・ベル音が聞こえない ・人とのコミュニケーションがもちにくくなる	・光で知らせる電話・インターホン
・暖房機で低温やけどをしやすい ・暑さ寒さの調整がうまくいかず体調をくずすことがある	・床暖房、パネルヒーターの活用
・小さい取手がつかみにくい ・蛇口をしっかり止められない	・ハンドル型の取手 ・レバーハンドル
・立ち上がりに時間がかかる	・高さ深さを合わせることができるいすで、安定した座面をつくる
・段差がのぼりづらい ・滑る、つまずく心配がある	・不安定になる場所に手すりを設置する ・状況にあわせた床材を選ぶ
・夜中に何度もトイレに行く	・寝室の近くにトイレを配置する ・足元灯の設置

歩く

1歩1歩が健康を支える足の動き

■年齢による歩みの変化
歩行動作の変化の例＜一般的な身体状況の場合＞

0歳　　　　10歳　　　　20歳　　　　65歳～

■微妙なバランスで保つ直立歩行

●足の平だけで全身を支える直立歩行は、上体を重力に逆らってひっぱった状態でバランスをとることで成り立っています。背側の筋力を「抗重力筋」といいます。

●赤ちゃんは、抗重力筋をはじめとする各部の筋力をつけることで、バランスをとることができるようになり、やがて2本の足で歩けるようになります。

●加齢していくにしたがい抗重力筋は弱まって直立状態を保つことが難しくなり、前傾の膝を曲げた姿勢でバランスをとるようになります。

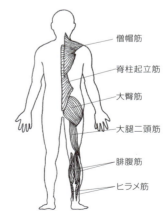

［上体をひっぱり上げる「抗重力筋」］

歩く

身体状況により歩行は様々に変化しますが、歩行が不自由になった場合にも、杖や、車いす等の補助具の利用と住まいの工夫によって自立した生活が可能になります。また、臥位移動でも室内の改造により多くの部分を自立して暮らすことができます。

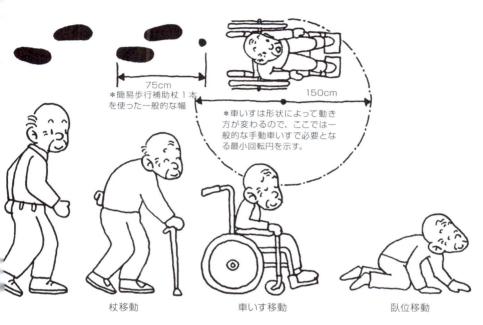

75cm
*簡易歩行補助杖1本を使った一般的な幅

150cm
*車いすは形状によって動き方が変わるので、ここでは一般的な手動車いすで必要となる最小回転円を示す。

杖移動　　車いす移動　　臥位移動

■歩く人は医者知らず

● 歩行は移動手段としてだけでなく内臓機能を助ける働きもしています。歩行時の足の筋肉の働きは心臓を助け血液のポンプの役割をしているのです。

● 心臓から一番遠い足先まで下りた血液を重力に逆らって押し返すのはとても大変な作業ですが、歩行動作は血管の収縮運動となって血液循環を助けています。

● 血液は酸素も一緒に運びます。歩くことは有酸素運動として身体のすみずみだけでなく脳も活性化する運動になります。

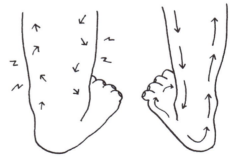

〈あまり歩いていない足〉　〈よく歩いている足〉

歩くことが少なくなると末端まで血液が循環しない状態になり、あらゆる機能が停滞するので、積極的に歩きましょう。

[足のポンプ作用]

I 動作とデザイン

歩く

加齢による足の変化が歩行に与える影響

●衝撃を受け止める
　足の裏のアーチ

- 歩行動作で片足にかかる荷重は、実に体重の1.25倍の重さにもなります。
- この重さと衝撃を足の裏につくられているアーチが受け止めています。
- 3つのアーチでつくる半ドーム形がスプリングになって体をバランスよく支え、歩行にリズムを与えています。
- このアーチは幼児から大人になる成長過程で鍛えられ、歩けば歩くほど高い位置でアーチを維持していくことができます。加齢によりアーチが小さくなると膝などへの負担が増え、スプリングが使えず摺り足に近い状態になります。

●リウマチによる
　アーチへの影響

- リウマチにかかり、アーチがつくれなくなってしまった足では、ほんの数秒しか立てなくなることもあります。
- リウマチなどでアーチがつくれなくなってしまった場合、アーチを補う形の足底板を入れた靴をはくことで安定した歩行を取り戻すことができます。
- 室内ではリハビリ靴を活用してもよいでしょう。ただし、上履きを利用する場合は滑りやすくなるので床材との関係が難しくなります。材料を実際に試してから決めましょう。

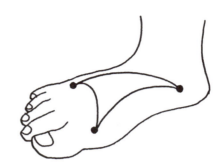

3つのアーチでつくられる
半ドーム形のスプリング

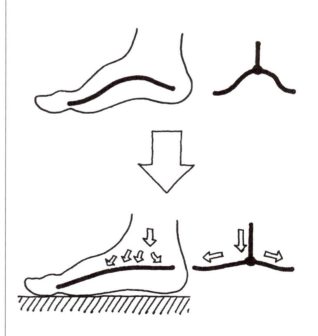

足の裏のアーチのスプリング機能

参考図書：『筋肉』／山海堂、『歩くこと・足そして靴』／風濤社、『はだしがいちばん美しい』／雪書房

I 動作とデザイン

歩く

歩行の変化

● 歩行は、着地→体重移動→蹴り→準備の4動作の繰り返しで成り立っています。

若者の歩行

高齢者の歩行

着地→体重の移動→蹴り→準備

<若者の歩行>
- 着地と蹴り返しに足首を柔らかく使っています。
- 指の付け根にしっかりと体重をかけ、力強い蹴り出しになっています。

<高齢者の歩行>
- 足首が固定されたように固い歩行です。
- 指の付け根、つま先の力がないので蹴り返しが少なく、はずみがつかないまま次の歩行に移っています。
- 摺り足に近い状態で次の歩行に移ります。
- 高齢者の歩行は、足の裏で床を捉える力が弱くなることと、足先が十分に持ち上がっていないことに注意する必要があります。
- ほんの少しの段差やカーペットやクッションフロアなど、弾力がある床材は足先の引っ掛かりの原因になります。
- 硬くて滑る床材や光沢のある床材は身体を不安定な状態にするだけでなく、心理面でも、「滑る」という不安感をもつので注意しましょう。不安感を取り除く意味でも手すりをつけるなどの工夫が必要です。

■転倒による影響

- 関節が硬くなり、骨がもろくなった高齢者が転ぶと、ケガをする可能性が大です。高齢になって骨折すると、3カ月間は「再び転ぶのでは」という恐怖心が続くといわれています。
- 転ぶことへの恐怖心から行動を制限し、その間に筋力がおとろえ、体力の低下と脳の老化をすすめてしまう場合が大変多くなっています。
- 転ばない状況をつくる住まいの工夫は、不安定になる場所に手すりをつけたり、安全で歩きやすい床材を使うなどですが、何より大切なのは歩く意欲をわかせることです。

I 動作とデザイン

歩く

住まいに求められる床の性能

①小さな段差ほど解消する

- 小さな2～3cmの段差ほど、つまずいたりする危険性があります。
- 敷居・扉の沓ずり・和室の入口・異なる床材がつながる部分など、小さな段差ほど解消する必要があります。

■段差なしとは屋内・屋外ともに設計寸法で3mm以下とします。必ず面取りを行います。

■床の段差の解消

異種の床材がつながる部分では、仕上げ面が平坦になるようにします。

②滑りにくい床を選ぶ

- 床の滑りやすさは、床表面に付着した水やほこりの状態、また、履き物によっても異なるので、総合的に考える必要があります。
- 特に水回りは、濡れても滑りにくいものを使用します。

扉の沓ずりと床面仕上げとのちりをとらない仕上げとします。

③衝撃の吸収性がよい

- 高齢者は転倒の危険性が高いため、転倒時の衝撃吸収性のすぐれた床材が望まれます。
- 表面材だけではなく、床組、床下地についても衝撃吸収性を配慮することが重要です。

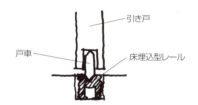

敷居段差解消のための床埋込型レールを使用します。
吊戸にすると床面に敷居やレールがなくなり、フラットに仕上げられます。

④汚れにくくメンテナンスしやすい

- 飲食物などによる汚れや、失禁を前提とし、簡単な水洗いで汚れの落ちるメンテナンスの容易な床材が必要です。
- カーペットやコルクを使用する場合は、部分的に取り替え可能なタイルタイプを利用することも考慮します。

⑤耐久性が高い

- 杖などの歩行補助具や車いす等の使用による磨耗や破損が生じやすいことを考慮することが必要です。
- 床材そのものの耐久性だけではなく、下地や、接着剤の強度にも十分に留意しましょう。

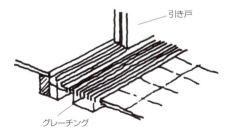

水回り、バルコニーなどの段差は、排水溝を設けピッチの細かなグレーチングを使用します。

❶ 動作とデザイン

歩く

床仕上げ材の特性と使用上の留意点

1. 屋外の床材

床仕上げ材	特性と使用上の留意点
タイル・レンガ インターロッキングブロック	濡れた場合、滑りやすくなるものがあるので注意すること つまずいたり、杖の先端が引っかからないように、目地の幅、深さに注意すること
モルタル	水勾配をつけ、水たまりができないようにすること
モルタル洗い出し	モルタルに混入する骨材により、滑りにくさや汚れの落としやすさが異なるので注意すること 洗い出された骨材で滑ったり杖の先端を引っかけたりしないよう留意すること
石材・人造石材	石類の仕上げは粗面仕上げとし、滑りにくくすること 鏡面仕上げの使用は避けること 凹凸が生じないように留意すること

2. 屋内の床材

床仕上げ材		特性と使用上の留意点
畳		車いす（介助用車いす）の使用は畳を傷めるので留意すること 仕上げ材が変わる見切り部分（敷居等）に段差を設けないこと
フローリング		表面仕上げ材は、滑りにくいものを選択すること 不適当なワックスを用いたための滑りにも留意すること
コルクタイル		滑りにくく、歩行感がよい 汚れやすいので、張り替え可能にすること
プラスチック系タイル床材 ビニル系タイル		耐水性・耐久性に優れたものが多く、水廻りに用いられる。 濡れても滑りにくいものを使用し、素足で歩行する部屋に用いる場合は歩行感にも留意すること
長尺カーペット		毛足の短いものを使用すること 防炎性・防汚性・耐摩擦性にも留意すること
タイルカーペット		滑りにくさ・歩行感・耐摩擦性に優れている 防炎性・防汚性にも留意すること
シート床材 プラスチック系	（発泡層無） 長尺塩ビシート	耐水性・耐久性に優れ、歩行感もよい 濡れても滑りにくいものを選択すること
	（発泡層有） クッションフロア 複合ビニルシート	耐久性を考慮して、表面の透明ビニル層の薄いものは使用を避けること 表面に凹凸があるものは、汚れを落としにくいので使用を避けること 濡れても滑りにくいものを選択すること

（長寿社会対応住宅設計マニュアルより抜粋）

座る

「座る」は行動の出発点

●起き上がることで始まる社会とのつながり

- 寝た状態から起き上がることで視野が広がります。周囲の動きを自分の目で見ることで社会参加への意欲が生まれる大きなきっかけとなります。
- 1つのテーブルを囲むことは互いの存在を認め合うことになります。家族や知人との食卓や団らんの席に一緒に座ることが毎日の生活の刺激になります。
- 団らんに参加するための道具として、楽な姿勢を保ちやすいいすや状態にあわせて角度や高さを変えることができるいすもあるので道具を上手に活用するのもよいでしょう。

●寝たきりが引き起こす症状

- 人間の内臓や筋肉は直立した上体を基本として機能しているので、寝た状態が続くと血液の循環をはじめ様々な部分に滞りが起こり、やがて疾患を引き起こします。
- 特に寝たきり状態で起こる床ずれ（褥瘡－じょくそう－）は最もつらい症状です。予防と対策には2時間に1回を目安に体位を動かすことや予防ふとん、エアーマットなど予防用具を利用するとともに、昼間はできるだけ上体を起こしたり、日光浴・マッサージ等で血行をよくすることが大切です。

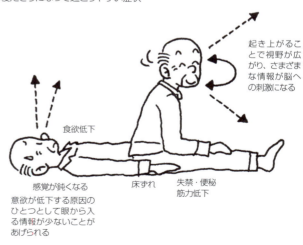

食卓のいすに座れない場合も、可動ベッドや楽な姿勢のいすを使い食事や団らんに参加することで生活にメリハリが生まれます。

寝たままと起きたときの視野の変化と寝たきりになって起こりやすい症状

起き上がることで視野が広がり、さまざまな情報が脳への刺激になる

食欲低下

感覚が鈍くなる
意欲が低下する原因のひとつとして眼から入る情報が少ないことがあげられる

床ずれ

失禁・便秘
筋力低下

I 動作とデザイン

座る

「立ち座り」の動作と加齢配慮

動作を見る基本は、「座っている」「立っている」といった姿勢を保てるかということと、「立ち座り」など動作移行がスムーズにできるかどうかを分けて考えます。

● 「立ち上がり」の動作

肘掛けをつかんで押すという上肢の力を利用することにより立ち上がりやすくなります。
いすやポータブルトイレを選ぶ時、立ち上がりやすい高さか、かかとが十分に引けるか、横移動する場合は高さ調節できるか、肘掛けや取手が付いているかなどの点に注意しましょう。

● 「立位から座る」の動作

座るとき、不安定だと臀部や関節に負担がかかります。低い位置から上体を起こすには、大変な筋力を必要とします。座面を高くしたり手すりなどを利用することにより立ったり座ったりの動作を助けます。

● 「座って移動する」動作

ベッドからポータブルトイレ（又は車いす）への移乗や入浴台から浴槽への移乗をする時は、高さが同じ（高さ調節が出来る）で、障害物がないこと、途中に隙間が出来ないようにすることに注意しましょう。

①肘掛けがある場合は肘掛けの前の方を持ちます。
②足を引いて頭を突き出し、重心を下肢にのせます。
③下肢の力により中腰の姿勢から身体を直立位にします。

①立位から重心位置を大きく変えずにしゃがみ込みます。
②座面の高さまで臀部を下げます。
③着座をしてから初めて身体を起こします。

お尻を少し浮かせて中腰で移動する場合は、前方へのバランスを保ちながら、下肢に重心を移動、座位移動します。

お尻をずらしながら移動する場合は、手で支持しながら左右へ体重を移動して、座位移動します。

参考図書：『ケアマネジメントのための福祉用具アセスメントマニュアル』／中央法規

I 動作とデザイン

座る

座り方と姿勢

背中の伸びた姿勢が理想的な座り方ですが、バランスが崩れると不安定な座り方になります。

●仙骨座り

（ずっこけ姿勢の座り方）
骨盤が後方へ傾き、臀部が前方へずれた姿勢をいいます。
長時間、この姿勢で座っていると仙骨の下端や尾骨の周囲に圧力が加わり、血行を阻害し褥瘡の原因になります。

＜対策＞
かかとが床に着く高さに座面を設定し、座面角度95度程度のいすを選ぶとよいでしょう。

●円背

背中が丸まった、うつむいた姿勢をいいます。

＜対策＞
- 背が伸ばせるときは、背もたれが脊柱のカーブに合ったいすを選ぶとよいでしょう。
- 背に変形があるときは、背と座面の角度を変えられるティルト機構の着いたいすがよいでしょう。

●すぐに横に倒れてしまう座り方

体幹が左右に傾いた座り方で、座面が柔らかすぎると、倒れやすくなります。

＜対策＞
- 肩や肘の両側にクッションなどを当てて支持したり、ティルト機構の付いたいすにするのもよいでしょう。

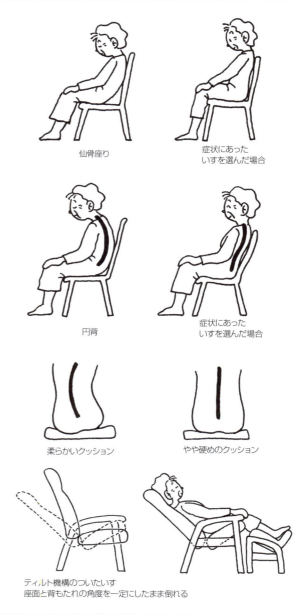

仙骨座り　　症状にあったいすを選んだ場合

円背　　症状にあったいすを選んだ場合

柔らかいクッション　　やや硬めのクッション

ティルト機構のついたいす
座面と背もたれの角度を一定にしたまま倒れる

Ⅰ 動作とデザイン

座る

身体に合ったいすを選ぼう

脳卒中で身体にマヒのある人や神経系の病気で身体のバランスがうまくとれない人などは、ソファなどやわらかいいすに座っていると、お尻がずれてきたり、身体を動かした拍子に座ったまま横に倒れるなど、安定して座るのが困難な場合があります。
いすを選ぶ場合、座面や肘掛けの高さ、座面の奥行きや幅、背もたれの角度など、使う人に合わせて選ぶことが大切です。

① 座面の高さ
基本になる高さは、膝を90度に曲げて足がちょうど床に着く位になります。立ち上がりやすくするには、それよりやや高めのものにします。ただし、座っている時に大腿の後面を圧迫しないように、足台で調節しましょう。

② 座面の奥行き
膝裏の圧迫を避けるようにしましょう。深く腰を掛けても膝裏が座面前縁に当たって圧迫されないようにしましょう。いすは座面前縁が丸くカットされているものもよいでしょう。

③ 肘掛けの高さ
座っているときの肘掛けの高さと立つときの肘掛けの高さは違っていることが多いので、立つときは立つための手すりや支えを用意することが大切です。

④ 肘掛けの長さ
立ち上がるときに手で握って立ち上がりやすいよう、やや前方に突き出した長さの肘掛けがいいでしょう。いすに座るときが、最も危険です。注意しましょう。

⑤ 背もたれの傾き
標準的な角度は、95度～110度位ですが、背もたれが後ろに大きく倒れていると、立ち上がり動作が困難になります。

⑥ シート
姿勢のくずれを防ぐためには、すべらない素材がいいでしょう。ただし、食べこぼしや失禁のある場合は防水素材のものがよいでしょう。

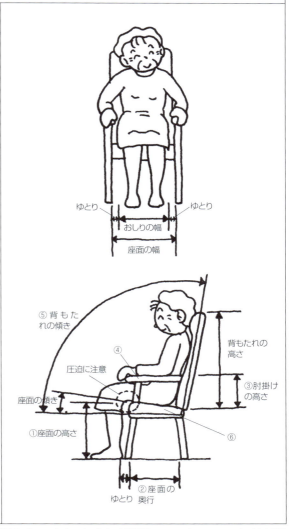

参考図書：『ケアマネジメントのための福祉用具アセスメント・マニュアル』／中央法規

I 動作とデザイン

座る

姿勢の変化（座位・立位）と住まい

加齢により脚力・腹筋力が弱まるため、①立ち上がる動作では、徐々に手を補助として使う頻度が高まってきます。②長時間同じ姿勢を保つことが困難になるなどの変化が起ってきます。
このような観点から、住まいにおいて立ち座りの動作について一般的な留意点をまとめました。

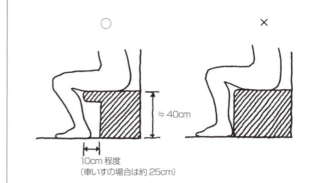

○　　　×
≒40cm
10cm 程度
（車いすの場合は約25cm）

① いすなどに座る

- いす、便器、ベッドなどに座るためには、立位のままで向きを変えるため、前方に十分なスペースをとることが必要です。
- 体がふらつきやすいため、いすの側方に動きにくい家具や手すりを用意すると、手を添えることができ安定して座ることができます。
- 膝の裏からかかとまでの長さは人によってかなり違います。座位の高さの約40cmは目安ですので、必ず試したうえで決定しましょう。

② 床座の和室を積極的に利用する

- 和室は、かつて日本の住まいの中心であり、床座の習慣を持っている高齢者は多いと考えられます。床座のまま様々な姿勢をとることのできる和室を、もっと利用しやすい居場所にすることを考えてみましょう。
- 和室を居間に連続した配置とし、いすの高さと同じレベルにすると、立ち座りや、車いすからの移動が便利になります。

キッチンを隣接させることも考えましょう。

畳の下は収納
収納可能な段をつけると昇降が楽になります。

堀ゴタツにすることにより、膝への負担が軽くなります。

座る

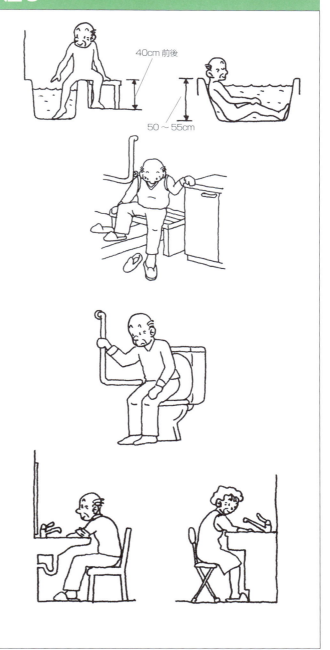

③ 浴室の3つの床レベルに留意する

- 浴室には、洗い場・浴槽の縁・浴槽の底の3つの高さの変化があり、そこで移動が行われています。
- 特に、浴槽の縁の高さをいすの高さと同じにすると、座りながらゆっくり浴槽に入ることが可能になり、滑る危険性が減少します。ただし石鹸水が浴槽に入らないように工夫しましょう。またいすの高さについても実際に試してみることが大事です。

④ 玄関にベンチをつける

- ベンチに座ることで、靴のはきかえを、安定した状態で行うことができます。

⑤ 便器に座る

- トイレは、手を添える棚を最低用意します。
- 便器からの立ち上がり、移乗のためには、L型手すりが有効です。便器前方の壁までの距離は最低でも50cm程度あるとよい。

⑥ 洗面台の前に座る

- いす座で洗面ができるように洗面器下部に膝が入るスペースをとりましょう。

⑦ キッチンに座って作業する

- いす座で作業をするためには、調理台カウンター下にクリアランスを設け、カウンターを適切な高さに設定することが大切です。

参考図書：『ケアマネジメントのための福祉用具アセスメント・マニュアル』／中央法規

握る

手の機能

●手は身体と健康のセンサー

- 手には多くの病気に関連した重要なツボが30程集まっていて、経絡によって身体の他の部分とつながっていると考えられます。
- また手の色やむくみで、病気や健康の状態が分かると言われている程で、手のひらが赤くなると慢性肝炎や肝硬変になっている危険性があるとよく言われます。このように、手が身体の健康に深く係わっていると思われます。

●手の運動による老化防止

- 手に与える適切な刺激は脳の発達を促し、高齢者においては衰えを防ぐ効果があると言われています。
- 手の指先は大脳に直結しているので、手や指に刺激を与えることにより、手先の抹消神経を刺激して、全身の血行を盛んにし、疲労回復や心身の老化防止になるようです。

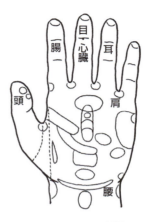

手のひらの反射帯

絵画や書道をする

絵画や書道をしたり、両手を協調して使うピアノやバイオリンなどを演奏することも脳の老化の予防につながります。

参考図書:『通勤電車でできる5分間ツボ刺激療法』中山仁二著／大泉書店、『手のなかの脳』鈴木良次著／東京大学出版会、

I 動作とデザイン

握る
手の用途「持つ」と機能低下

握力把握
親指以外の指と手のひらで物体をしっかりと締め付ける持ち方です。

精密把握
手のひらを物体に接触させないで指だけで物体を捕らえる持ち方で、微妙な力加減ができます。例えば、テーブルの上のテニスボールを拾う場合、各指同士の広がり具合、各指の関節角度、力の大きさなどを適切にしかも瞬時に調節して拾っています。

- 70歳ぐらいになると握力は若い時にくらべ、3分の2程度になります。加齢やそれに伴う疾病により、手先を使う作業や物を握ったりすることが十分に出来なくなってきます。

● **「握る」という動作と加齢への対処**

- 「握る」とは、手のひらおよび指を使って物をつかむ動作をいいます。つかむ力は指の先へいく程強くなりますが、握る動作は、手掌と指腹の筋肉全体と、その摩擦面の広さを利用します。
- 握りには押す・引く・回すの3つの動作が伴います。つかんでまわしながら引っぱったり、押したりするといった複合動作の場合、力は3分の1にまで落ちます。
- 加齢とともに小さなつまみはつかみにくくなるので、できるだけ大きくつかみやすいものを選んだり、握って回す操作を必要とするものは、手のひらや肘を使ってでもできるようにするのもよいでしょう。
- 年齢・性別や個人差によって手の大きさやその力には差がありますので、手すりの太さや取手の大きさ、形状などを決めるときは使用者が握ってみて、握りやすいかまたは、つまみやすいかなどを確認して決めましょう。

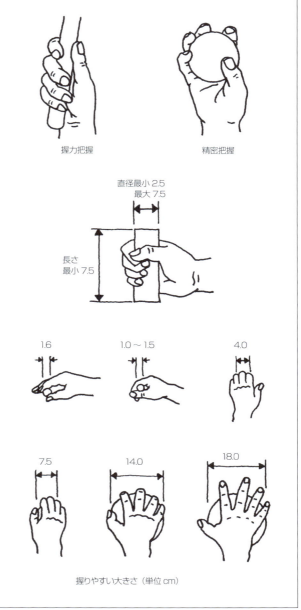

握力把握　　精密把握

直径最小2.5　最大7.5

長さ最小7.5

1.6　　1.0～1.5　　4.0

7.5　　14.0　　18.0

握りやすい大きさ（単位cm）

参考図書：『筋肉』／山海堂、広島大学工学部ロボテックス研究室、『インテリアデザイン辞典』清家清監修、『インテリア計画と設計』小原二郎他／彰国社、『高齢者が住みたい家』／講談社

❶ 動作とデザイン

握る

高齢者のかかりやすい手の機能低下と自助具

■**慢性関節リウマチ**
症状：関節の痛み、腫張、発赤、熱感があり、次第に関節の変形や拘縮が起こります。
30〜50歳代に発症することが多く、女性患者が約80％を占めます。

慢性関節リウマチの変形

スワンネック変型
指の関節が変形した指先がのびきらない状態

手指の尺側偏位
指の全体が小指側（尺側）へ曲がっている状態

ボタン穴変形
ボタンホールのように指の関節が変形している状態

●**手や腕の動きが悪くなる**
- 肩が前方、側方、後方にも十分に上がらなくなります。
- ひじが完全に伸びなくなり、曲がらなくなります。
- 手のひらを上下に返せなくなります（前腕の回内、回外）。

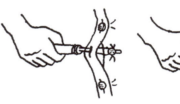

輪の中にボタンを引っかけて使用するボタンをかけるための補助具

●**日常生活の障害**
- 指の変型のため、つまんだり、握ったりすることが十分できません。
- 洋服のそでに腕をとおすことが難しくなり、またボタンをはめづらくなります。
- 頭の上まで手が届かず、髪をとかしづらくなります。櫛が握りにくくなります。また洗髪ができにくくなります。
- 手が口に届かず食べにくくなります。
- 箸をしっかり握れなくなります。
- 手がお尻に届きにくくなります。

握りやすいスプーン

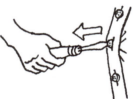

簡単な指の動きだけで扱える箸

腕が十分に上がらなくても髪を整えることができる長柄の櫛

バンドで歯ブラシを手に取り付ける

参考図書：『福祉を住環境コーディネーター3級完全マスター』／社会保険研究所、『要介護高齢者のための住宅リフォーム』／全国社会福祉協議会

握る

■脳血管障害（脳卒中）
症状：脳の血管がつまったり破れたりすることにより、一般に片まひ症状になることが多く、また言語障害や失行、失認を合併することもあります。

● 片手で食事動作を行う

器の片側が高く内側に丸く湾曲していると、料理をこぼさず楽にすくえます（図1）。

● 片手でペーパー
　ホルダーを扱う

「片手用ペーパーホルダー」を取り付けることで片手で紙を切り取ることができます（図2）。

● 手すりが握れない

● 図4のように、肘を曲げ腕を置いて身体を支える場合は、手すりの高さを床面から85〜90cmの高さを目安にします。

● 麻痺していない側で
　手すりをつかむ

廊下の両側に手すりを取り付けます。その場合廊下が狭くなるので幅員に注意します。

● 手先の細かい動きが
　難しい

● 水道栓、ドアノブなどは手先より手部全体で動かせるようにレバー式とするとよいでしょう（図5〜6）。
● 軽く動く戸やドアは関節に負担をかけません（図7〜8）。
● 手のひらや腕で押せる大型スイッチにすると押しやすくなります（図9）。

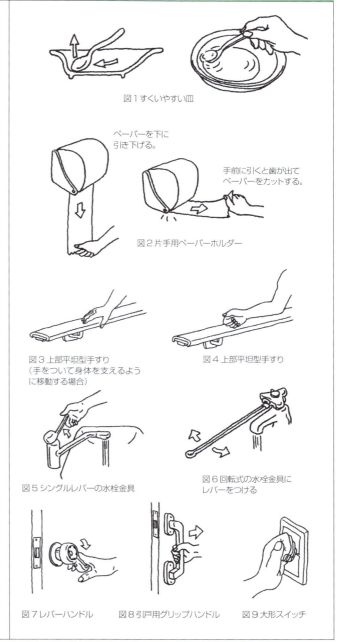

図1 すくいやすい皿

ペーパーを下に引き下げる。

手前に引くと歯が出てペーパーをカットする。

図2 片手用ペーパーホルダー

図3 上部平坦型手すり
（手をついて身体を支えるように移動する場合）

図4 上部平坦型手すり

図5 シングルレバーの水栓金具

図6 回転式の水栓金具にレバーをつける

図7 レバーハンドル　　図8 引戸用グリップハンドル　　図9 大形スイッチ

参考図書：『要介護高齢者のための住宅リフォーム』／全国社会福祉協議会

握る

手の機能と住まい

加齢により、①指先を使う作業や力を入れてものを握ることが十分にできなくなる。②歩く・座る・しゃがむ・立ち上がる・段を上がるといった日常の動作を手で身体を支えながら行う割合が徐々に増してきます。

① 手すりの機能と留意点

●移動のための手すり
- 歩行を補佐する手すりは、しっかり握るというよりは、手を添えやすいやや太めのものとします。
- 必ず連続して設置することが重要です。
- 端部は、衣服が引っかかったり、ぶつかったりしないように、壁側や下方に曲げておきます。

●立ち上がりのための手すり
- 浴室やトイレでしゃがんだり立ち上がったりするときは、しっかり握りしめることのできるやや細目のものとします。
- 簡単な移動と立ち上がりの連続した行為のためには、L型手すりが有効です。

●階段を上り下りするための手すり
- 階段のための手すりは、しっかりと握るため、握りやすく滑らない形状とすることが必要です。
- 連続して設置することが望ましいのですが、不可能な場合は、端部間の距離を、40cm以内とします。
- 手すり端部は、20cm以上水平にのばし、体が前のめりになって転落することを防ぎます。

●濡れた手で握る（外部・浴室）手すり
- 水に濡れても滑らないように凹凸加工等のスリップ止めをしてあるものとします。
- 簡単に水洗いができることなどの、メンテナンス性にも留意します。

廊下の手すり高さは、使用する人が限られている場合は、その人の高さに合わせるとよい。一般的には大腿骨付け根の大転子骨（だいてんしこつ）の高さが最適です。

もたれかかって使う場合はひじで支えることが多い。このときは85～90cmと高く設定します。

手すりが台の横だと立った時に、後ろに体をひっぱられてしまうので、前方につけるようにします。

階段の手すりは両側に設置することが望ましいが、片側しか設置できない場合は、一時的に下りる際の利き手側に設置するのが安全です。

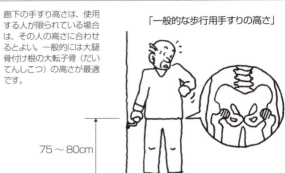

「一般的な歩行用手すりの高さ」
75～80cm

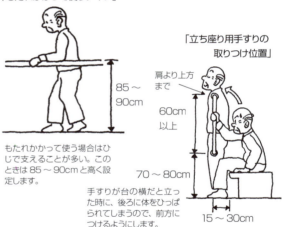

「もたれかかって使うタイプ」
85～90cm

「立ち座り用手すりの取りつけ位置」
肩より上方まで
60cm以上
70～80cm
15～30cm

手すりの端部は曲げて止める。
>20cm
足元灯

Ⅰ 動作とデザイン

握る

② 手すりの取り付け

●将来の設置の変化を考慮する

手すりの位置、高さ・形状は、身体状況や習慣などによって、1人ひとり異なります。このため、必要に応じて取り付けることのできるよう幅を持った範囲の下地を用意しておくことが望まれます。

廊下全体に手すり下地補強を行う。補強位置は、床レベルから60～90cmの範囲。

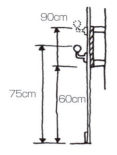

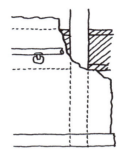

クロス貼仕上げまたは塗装仕上げになるので、ラワン合板など表面が平滑な合板を用いる。

石膏ボードを表面に使用する場合には、下地補強を十分に行っていても、手すりを取り付ける際石膏ボードに手すり受け金具がめり込む危険性があるので、手すり受け金具の取り付けビスの長さなどにも注意する必要がある。

手すり設置要件一覧

	基本	推奨
アプローチ	スロープ、階段の少なくとも片側に設置	
バルコニー	住宅内部の床との段差により設置準備	
玄関上がり框	設置（やむを得ない場合は設置準備）	
廊下	設置（やむを得ない場合は設置準備）	
（基本生活空間内）住戸内階段	（45度以下の勾配）少なくとも片側に設置　設置しない側に設置準備　（45度を超える勾配）両側に設置	勾配にかかわらず両側に設置
洗面・脱衣室	浴室との段差が2cmを超える場合は出入り口に設置　着脱衣用に設置（やむを得ない場合は設置準備）	
浴室	浴槽出入りのために設置　できるかぎり出入り口に設置	浴槽内での立ち座り、姿勢保持のための設置
便所	設置（やむを得ない場合は設置準備）	
居間・食堂	設置準備	
高齢者等の寝室	設置準備	

・手すりは、当初から設置すべき箇所（先付け）と、設置準備でもよいとしている箇所（後付け）がある。
・「設置準備」とは、将来、手すりを後付けする場合に、あらかじめ手すりが設置できるような構造を準備しておくことある。その際、手すりの下地補強箇所を図面に明示することが必要である。
（長寿社会対応住宅設計マニュアルより抜粋）

I 動作とデザイン

見る

眼は人間が情報を得るための源

●見るためのメカニズム

- 光源・眼・脳・心のすべての要素が正常な状態であるとき、人間ははじめて物（色）本来の姿を認識することが可能となります。
- 光源・眼・脳（心）は大きく関連しあっているため、それぞれの状態によって物の見え方に大きく影響を与えます。

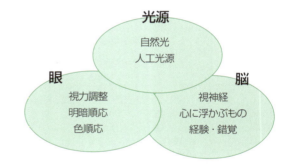

●眼の役割

- 見るための眼と脳の関係はテレビのしくみと似ています。
物から出た光をレンズによって感光膜上に映像を写し、この光の映像を微少な点に分解して信号を送る、という働きをテレビではカメラが行い、人間では眼が行います。送られた点信号を再び合成して姿を再現するのがブラウン管であり、人間では脳となります。

Ⅰ 動作とデザイン

見る

加齢によって眼はどのように変化するか

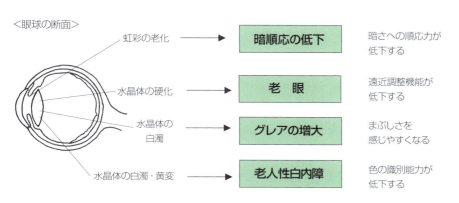

＊虹彩‥虹彩の伸縮によって瞳孔の大きさが変化し眼の中に入る光の量を調整します。

● **眼の変化で見ている風景が変わる**

● 加齢により眼の構造に変化が起こることによって、物の見え方にも様々な影響を与えます。視力が衰えるだけでなく、近くのものにピントが合わなくなったり、明るさや暗さに対しての順応力がなくなり、色の見え方にも変化が生じます。

● 白内障の症状は50歳代から始まり、健全な老化とも呼ばれている。50歳代では約60％、60歳で80％、70歳で90％近くの人が視覚や色覚が衰え、85歳以上では100％の人が疾患するといわれています。

白内障による視覚の変化

一般的な視覚

白内障の視覚（イメージ写真）

（写真提供：ヤマギワ）

41

動作とデザイン

見る

眼の変化が生活に与える影響

●老眼により遠近調整機能等が低下する

〈現象〉
- 近くのものにピントが合わなくなり、物を遠ざけた方が見やすくなります。
- 薄暗い所で小さい字が読みにくく、細かい作業で眼が疲れやすくなります。

〈原因〉
- 加齢により水晶体が徐々に弾力性を失い、調整力が弱くなる結果、ピントの合う最も近い点'近点'が年齢とともに遠くなるため。
 （10歳時の近点は8cmくらい、30歳で14cmくらい、50歳を超えると50cmほど）

〈対応および留意点〉
- 自分の眼や、仕事に合った老眼鏡を選びましょう。

●暗順応が低下する

〈現象〉
- 明るい状態から暗いところへ移動した時、暗さに眼が順応して回りが良く見えるようになるまでの時間が、若い頃の数倍かかります。
- 暗いところでは物が見えにくくなります。

〈原因〉
- 視細胞の感度が徐々に衰えて、届いた光の量分の明るさを感じられないため。
- 瞳孔が広がりにくくなり、眼の中に入る光の量が減ってしまうため。

〈対応および留意点〉
- 年代に応じた必要な明るさを確保しましょう。
- 同一視野内や、隣室空間の明るさは均一にし、急激な照度変化も避けましょう。

●近距離視力（読書または手作業するときの視力）＝ 30cm 視力

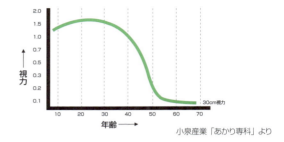

小泉産業「あかり専科」より

読書時にはスタンドなどの局部照明を！
明るさの目安は部屋全体1に対し手元3

●年齢に応じた適切な明るさ

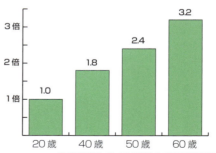

「工技院委託＜住宅性能標準化の調査研究報告書＞」より

あくまでも一般的にいわれている数値です。場面に応じて明るさが切り替えできるようにしましょう。

I 動作とデザイン

見る

● まぶしさ（グレア）を
　感じやすくなる

＜現象＞
● ちょっとした照明の変化で急激に見えにくくなったり、部屋の蛍光灯が視野に入っていらいらする、など不快を感じることが年齢とともに多くなります。（20歳の人に比べて70歳の人は2倍まぶしさを感じるようになるといわれます）

＜原因＞
● 水晶体の老化や白濁で眼に入った光が散乱されるため。

＜対応および留意点＞
● 高齢者に対して不用意に光の量を増やすと、かえって見にくくなってしまうことがあります。一室一灯ではなく、複数の器具で部屋全体を明るくしましょう。

● 老人性白内障等により
　色の識別能力が低下する

＜現象＞
● 視界全体が黄土色や黄橙色のすりガラスを通して見たようになり、色の違いを識別しにくくなります。

＜原因＞
● 加齢とともに水晶体が白濁、黄変するため。

＜対応および留意点＞
● 特に白と黄色、青とグレー、青と緑などの組み合わせが判別しにくいといわれているので注意しましょう。
● 住宅内においては、例えば夜間低い照度下では壁面と床面の見分けがつけにくく、不安や危険を伴います。壁と床は色の明度差をつけ、境界をはっきりさせるとよいでしょう。
● 照明器具は色の見え方（演色性）の良いランプを使いましょう。

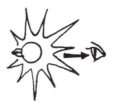

輝度が高いほどまぶしいので
シェード付きの器具に

視線に近いほどまぶしいので
目線に入らない高さに

暗い所ほどまぶしいので
明るさは均一に

照明器具と演色性

	ミニクリプトン電球	三波長域発光形蛍光ランプ昼白色	三波長域発光形蛍光ランプ電球色	一般白色蛍光ランプ
色温度	2750K	5000K	3000K	4200K
平均演色評価数	100	88	88	61

・色温度：光色を数値化したもの。色温度は赤みの強いほど低く、青みが増すにつれて高くなります。
・平均演色評価数：基準光源で照明した時の色の見え方にどれほど近いかを数量的に表したもの。100に近いほど演色性のよいことを示します。

見る

住まいにおける照明計画

加齢により、①遠近調整機能が低下する。②暗順応が低下する。③まぶしさ(グレア)を感じやすくなる。④色の識別能力が低下するなどの変化が起こります。

●視覚機能の低下を考慮した照明計画

① ランプが直接見えない照明器具を選択する
- 輝度の高い光源は、不快なまぶしさの原因となり高齢者には苦痛となります。
- 1灯のみで高照度を確保しようとするとまぶしさが増大します。

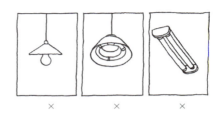

② ワンランク上の明るさを確保する
- 1灯で照度を確保せず、複数の器具を併用した全般照明が望まれます。
- 同じ照度では、低い色温度(赤みの強い光)の方が明るく感じられ、くつろぎの光としても適しています。

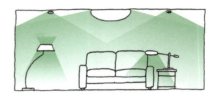

③ 極端な明暗差をなくす
- 高齢者には、明暗差の激しい照明は適していません。
- 特に床面に対する極端な明るさの対比は、段差と勘違いする原因となります。

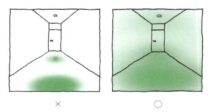

④ 広く見える・明るく感じる光環境をつくる
- 1室1灯を避け、天井のみでなく壁にも柔らかな光をまわし、空間を広く感じさせます。
- 天井・壁・床の光のバランスを考慮し、空間全体の明るさ感をつくることが必要です。

⑤ 明るさの調節ができるようにする
- 明るさや雰囲気の選択ができるよう、状況に応じてコントロールできるようにします。
- 夜間においても、間引き点灯よりも調光で全体の照度を下げるようにします。

I 動作とデザイン

見る

●生活シーンから考える照明計画

① 夜間モードの光を設定する
- 夜間のトイレ使用の際、完全に目覚めることのないよう、高照度・まぶしい光は避けることが必要です。
- 寝室／トイレ／廊下に低ワットの足元灯を設置します。

② 体内リズムをつくる
- 特に朝食時には高照度かつ太陽光に近い光で覚醒させることが望まれます。
- 夜間は色温度の低い光で明るさを抑えるとくつろぎに適しています。

③ 作業時に高照度を確保できるようにする
- 作業時の必要照度は、全体の照度である必要も、常時確保されている必要も全くないと言えます。補助照明を併用して高照度を確保するようにします。

④ ランプメンテナンスのしやすい器具を選択する
- メンテナンスの回数を減らすということに留意し、蛍光灯の器具を選択したり、白熱灯の器具であれば調光器を併用してランプ寿命を考慮します。

⑤ スイッチ・コンセントの位置および高さを考慮する
- スイッチは、操作部分が大きいワイドスイッチや、座ったり、寝たりしたまま操作できるリモコンスイッチやセンサー付スイッチ、表示灯付スイッチなどが便利です。
- コンセントやスイッチは、身長や、車いすや、補助器具などの高さに合わせて配置します。

■ランプ寿命の比較

ミニクリプトンランプ100W	蛍光灯環型 32W（三波長）
光束　1,510lm	光束　2,510lm
寿命　2,000hs	寿命　6,000hs

■白熱灯の電圧・寿命・明るさの関係

電圧	消費電力	明るさ	ランプ寿命
100%	100%	100%	1倍
90%	90%	70%	4倍
80%	80%	50%	18倍

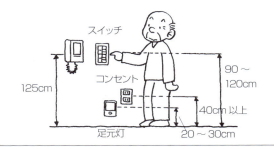

バリアフリー関連の特選ホームページ ①

福祉住環境コーディネーター協会
http://www.fjc21.org/

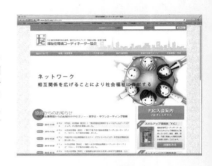

福祉住環境コーディネーター協会は、東京商工会議所・NPO法人「生活・福祉環境づくり21」などの関連団体の支援により設立された団体です。ホームページでは全国各地の福祉住環境コーディネーターの声や学習グループからの情報が発信されており、誰もが安心して快適に暮らすことのできる地域社会づくりに貢献することを目指して活動しています。

町田ひろ子インテリアコーディネーターアカデミー
http://www.machida-academy.co.jp/

住環境・店舗業界への就職に強い学校。インテリア・ガーデン・CAD・資格のスクールです。
2016年1月に「インテリアリフォーム科」を開講します。住宅のリフォームに関する基礎知識をはじめ、空間計画やインテリアコーディネーションの手法、ライフスタイル調査、プレゼンテーションスキルを、ケーススタディを通して実践的に学びます。。

高齢者住宅財団
http://www.koujuuzai.or.jp/

(財)高齢者住宅財団は、2001年10月に国土交通大臣より高齢者居住支援センターとして指定され、住まいのバリアフリー化の推進や高齢者向け住宅に関する様々な事業を行っています。高齢者が円滑に入居できる住宅についての情報をはじめ、高齢者向け優良賃貸住宅の事例紹介、住宅改修のための融資情報、融資に関しての返済特例制度や債務保証制度の紹介など、住まいをバリアフリーにするために役立つ多くの情報が提供されています。

2 行為と空間デザイン

日常の生活をバリアフリーにする

—日常生活の場面に応じた住まいのバリアフリーデザイン—

● **入浴・排泄ゾーン**
浴室／トイレ／洗面所／脱衣室

● **就寝ゾーン**
寝室／高齢者居室

● **食事ゾーン**
LDK／キッチン／食堂／居間

● **移動ゾーン**
アプローチほか／玄関ほか／廊下／階段／移動補助

入浴・排泄ゾーン

排泄はいつまでも自分の力で行いたいものです。入浴行為は身体を清潔にするだけでなく、私達日本人にとって、大きな楽しみの1つでもあり、また洗面行為はおしゃれ心を持ち続ける意味でも重要です。ところが、これらの行為や、その場所にはたくさんの危険があり、それに備えることをまず考えなければなりません。

●室内温度差

特に入浴時の死亡事故は寒い季節に多くなる傾向があり、低い浴室温度と急激な血圧変化が原因とされています。また、便所の温度差についても、排泄時に時間のかかる高齢者にとって問題です。対策として、各場所に合った暖房機器を設置するなどの配慮が挙げられます。具体的には浴室暖房乾燥器・トイレ暖房脱臭器・壁埋込式温風機などです。

室内温度差

寒い時期に多い入浴中の死亡者
（東京23区）

東京ガス「浴室に暖房が必要な理由」より

●転倒事故

出入り口でのふとしたつまずきや、床面が濡れている浴室では足を滑らせて転落をまねいたり、脱衣室では衣服の脱着の際に身体のバランスを崩し転倒をすることもあります。水廻りでの高齢者の転倒事故は骨折や溺水につながる危険が多く要注意です。対策として、滑りにくい床材を選ぶことや、手すりの設置などが挙げられます。

入浴中の転倒事故

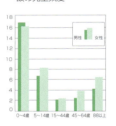

浴室の滑りによる転倒事故の発生頻度

INAX「やさしい暮らし」より

●配置

入浴・排泄ゾーンを寝室や普段よくいる部屋と隣接または近接させることにより、移動距離を短くし、部屋間の温度差を少なくできます。また、ワンルーム化することは、一連の行為を便利にし、介助スペースを確保しやすくします。

寝室
普段よくいる部屋

浴室・便所・洗面所・脱衣室
ワンルーム化

←→
隣接または近接

II 行為と空間デザイン

入浴・排泄ゾーン

こんな危険ありませんか

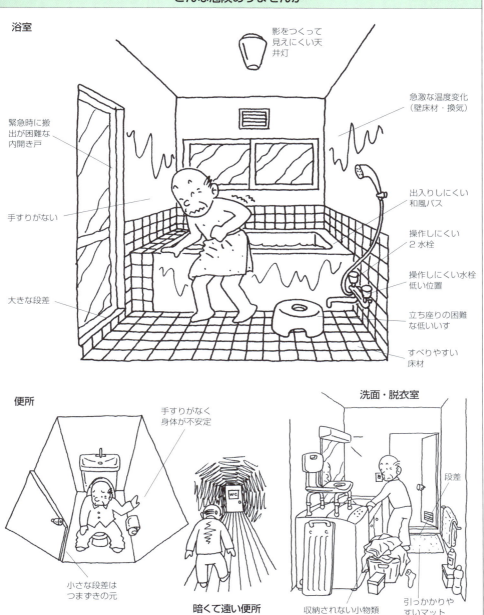

浴室

- 影をつくって見えにくい天井灯
- 急激な温度変化（壁床材・換気）
- 緊急時に搬出が困難な内開き戸
- 出入りしにくい和風バス
- 手すりがない
- 操作しにくい2水栓
- 操作しにくい水栓低い位置
- 大きな段差
- 立ち座りの困難な低いいす
- すべりやすい床材

便所

- 手すりがなく身体が不安定
- 小さな段差はつまずきの元
- 暗くて遠い便所

洗面・脱衣室

- 段差
- 収納されない小物類
- 引っかかりやすいマット

49

II 行為と空間デザイン

入浴・排泄ゾーン／浴室

事故を防ぎ、快適な入浴をするためのポイント

① 移動

《ポイント》
- 段差の解消
- 手すりの設置
- 滑り防止床材

② 身体を洗う

《ポイント》
- シャワーチェアの使用
  洗面器置台や吐水口の高さ
  も考えておきましょう
- 手すりの設置
- 操作性の良い水栓器具

※ 寸法は、状況によって変わります。

段差解消建具　　　　　すのこを敷く。

$a-5 \leq b \leq a+10cm$
シャワーチェアの高さ a
洗面器置台の高さ b
吐水口高さ c

$c \fallingdotseq 20cm$

シャワーチェアと洗面器置台の使用例

③ 浴槽への出入り

《ポイント》
- 手すりの設置
- 福祉用具の使用
- 移乗台を
  使って入浴
  する方法

きき足の側から入る。　　手すりの奥を持ち、重心を移動する。　　ゆっくりと座る。

④ 浴槽で温まる

《ポイント》
- 浴槽の選定

洋風バスは浴槽が長いため、身体が不安定になりやすく、和風バスは浴槽が深く、出入りが困難になります。和洋折衷バスは両者の長所を合せ持った浴槽といえます。
- 滑り防止
- 手すりの設置
- 福祉用具の使用

※どっぷり肩まで入るのは心臓に負担がかかるといわれています。最近は半身浴ができる浴槽もあります。

■対処の方法

洋風バス
浴槽への体のすべり込みを防ぐために、手すりやすべり止めマットを設置します。

和風バス
身体を安定させたり、立ち上りを楽にする為に浴槽台を置くことも考えられます。

和洋折衷バス
背中と足先が浴槽壁面に届き、身体が倒れ込まない浴槽にします。目安として、内寸 95 〜 105×60× 深さ 50 〜 55cm 程度です。

II 行為と空間デザイン

入浴・排泄ゾーン／浴室
浴室への配慮

■自立歩行型浴槽プラン

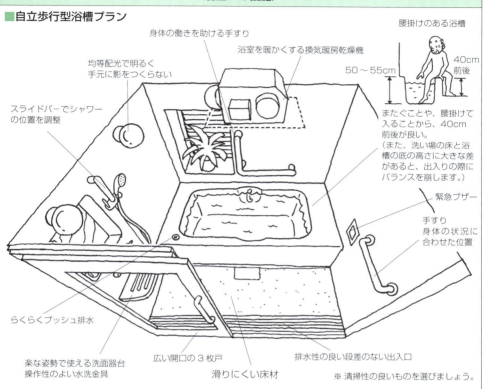

■動作と手すりの一例

※ 浴室の大きさ、身体の状況などによって、手すりの本数や位置は変わります。

1. 移動 → 2. 身体を洗う → 3. 浴槽への出入り → 4. 浴槽で温まる

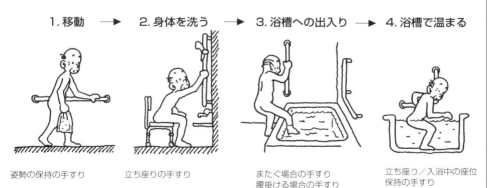

Ⅱ 行為と空間デザイン

入浴・排泄ゾーン／浴室

介護を考えた場合、まずスペースと配置計画を考えたいものです。また、リフトの利用は本人や介護者の負担の軽減に繋がる場合もあります。

① 介助スペース

《ポイント》
介護者が無理のない姿勢で介助できるスペースを確保します。

② 浴室・便所・洗面所・脱衣室のワンルーム化

《ポイント》
・介助スペースの確保
・移動を楽にする

③ リフトによる入浴

《ポイント》
・天井走行リフトで寝室から移動し、入浴します（就寝ゾーン参照）。
・入浴用固定式リフトで脱衣室から移動し、入浴します（右図）。

※リフト設置の注意点
リフトの設置スペース、強度、駆動のための電源または、水圧を事前にチェックします。できれば、導入前に本人や介護にあたる人が試乗することが望ましいでしょう。

④ シャワー浴

《ポイント》
・入浴に代わる身体を清潔にする方法で、浴槽での入浴が困難な場合や夏季にはお勧めです。

2方向介助を考えた場合

介助スペース

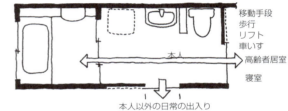

160cm 以上
45cm 以上
≒ 180cm

移動を考えたワンルーム化

移動手段
歩行
リフト
車いす
高齢者居室
寝室
本人
本人以外の日常の出入り

入浴用固定リフト設置例

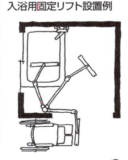
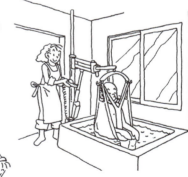

シャワー浴
40℃～42℃に調整

シャワーキャップ
タオル
シャワーチェア
入浴用車いす
足浴

II 行為と空間デザイン

入浴・排泄ゾーン／浴室

ワンルーム化で車いすでの移動や介助スペースを確保

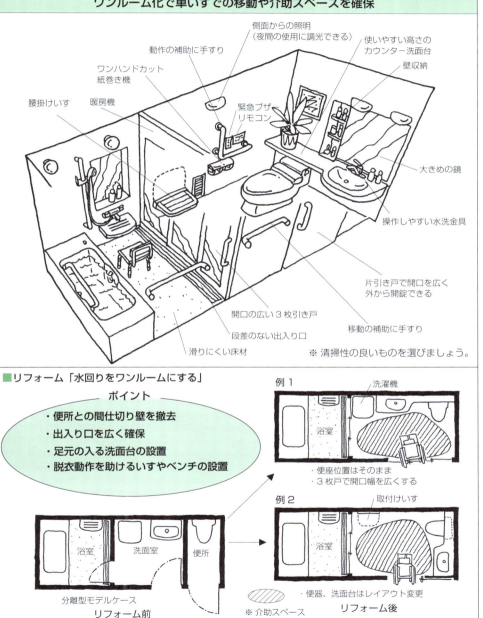

■リフォーム「水回りをワンルームにする」

ポイント
・便所との間仕切り壁を撤去
・出入り口を広く確保
・足元の入る洗面台の設置
・脱衣動作を助けるいすやベンチの設置

Ⅱ 行為と空間デザイン

入浴・排泄ゾーン／浴室

入浴行為動作別に見る機器選び

入浴動作	自立		
1 浴室に入る	**歩行で移動**		
	建具 段差を解消する	すのこ	手すり 身体を支える
2 身体を洗う	シャワーチェア 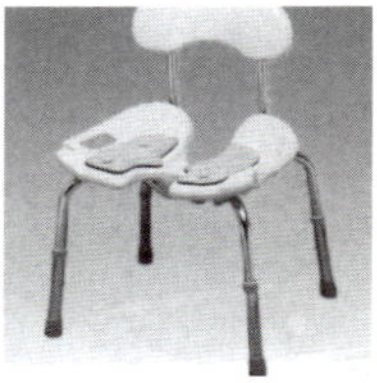 立ち座りを楽にする	洗面器置台 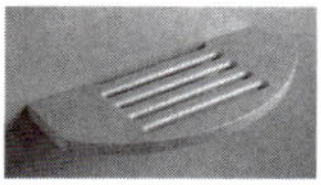	手すり 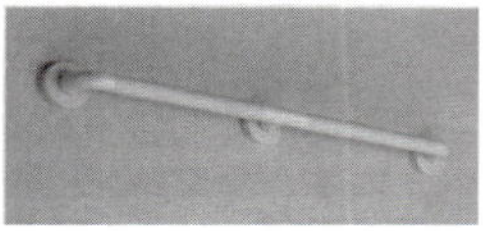 身体を支える
3 浴槽への出入り 身体を支える	**またいで出入りする**		**腰掛けて出入りする**
	手すり　　浴槽手すり 　　　　　身体を支える		バスボード 腰掛ける
4 浴槽で温まる	浴槽  和洋折衷バス	手すり 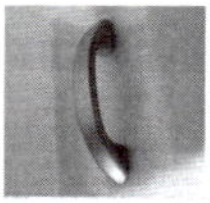 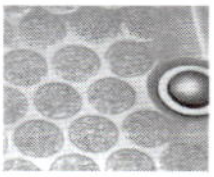 滑り止め	手すり 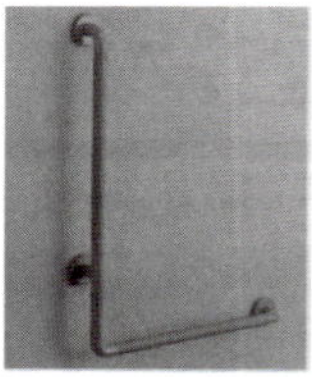 身体を支える

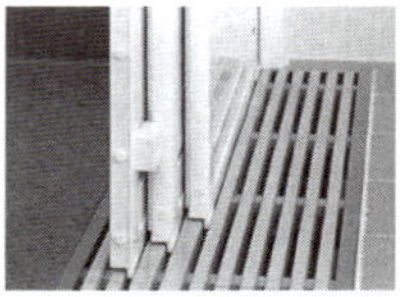

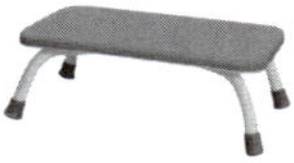

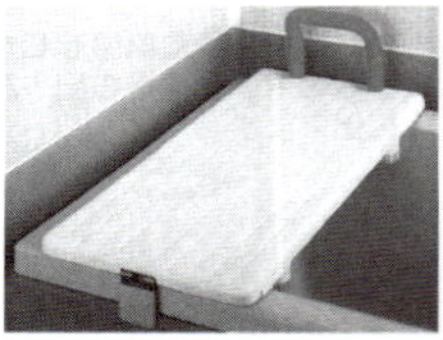

54

■ 行為と空間デザイン

入浴・排泄ゾーン／浴室

本人の身体の状況・家屋条件・介護力によって変わります。専門家に相談することをお勧めします。

介護

	車いす移動	リフト移動
滑り止めマット 転倒を防ぐ	シャワー用車いす 機器を使って移動する	入浴用固定式リフト 
浴室水栓金具  簡単操作の水栓金具		特殊バス 浴室以外で入浴する

腰掛けて出入りする		リフトで出入りする
移乗台 	入浴用昇降装置 機器を使う	入浴用固定式リフト
浴槽台  立ち座りを楽にする 姿勢を安定させる	滑り止めマット  滑りを防ぐ	

55

II 行為と空間デザイン

入浴・排泄ゾーン／トイレ

いつまでも、自力で排泄するためのポイントを動作別に考えてみましょう。

① 便所に入る（移動）

《ポイント》
・段差解消
　床面をフラットにします。
　敷居を取る。またはスロープを取り付けます。
・手すりの設置
・建具（右）

②便座に座る／立ち上がる

《ポイント》
・洋式便器
・手すりの設置
●それでも困難な場合
・便座を高くする（補高便座など）
・立ち上がり補助便座

※立ち上がり補助便座導入の注意点
機械力により、立ち座りを補助するものであり、身体状況によってはかえって危険なので、できれば、導入前に試乗しましょう。

③排泄と後始末

《ポイント》
・自動のものや、片手で操作できるものを選びます。
・紙巻き器
・温水洗浄便座
・遠隔操作洗浄装置など

④ 夜間の便所

できれば寝室と便所を隣接させることを考えたいものですが、夜間だけポータブルトイレや、しびん等を使用する方法もあります。

■移動の為の手すりの設置

扉を開ける→方向転換→歩行の動作では姿勢が不安定になりがちなため、手すりを設置します。

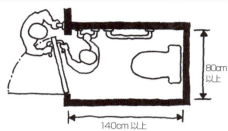

80cm以上
140cm以上

■建具選びのポイント

・開閉時の必要スペースは小さくする
・緊急時を考えて内開きは避ける
・鍵は外から開錠できるものを選ぶ

引き戸の例

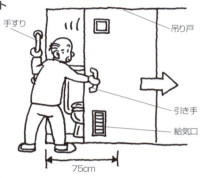

手すり
吊り戸
引き手
給気口
75cm

■立ち上がり補助便座

立ち上がった状態

■手すり・リモコン・紙巻き器の位置関係の一例

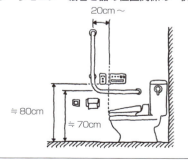

20cm〜
≒80cm
≒70cm

※手すりの位置等は身体状況、家屋の条件に合わせて十分に検討しましょう

■ 行為と空間デザイン

入浴・排泄ゾーン／トイレ
便所への配慮

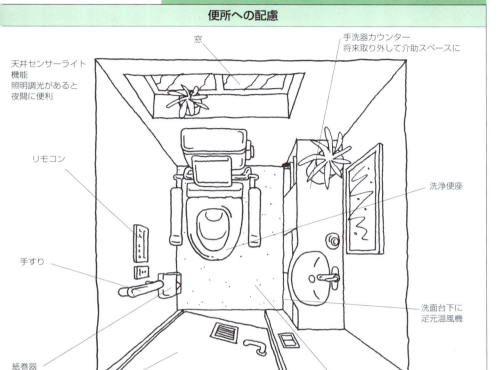

- 天井センサーライト機能 照明調光があると夜間に便利
- 窓
- 手洗器カウンター 将来取り外して介助スペースに
- リモコン
- 洗浄便座
- 手すり
- 洗面台下に足元温風機
- 紙巻器 片手用ペーパーホルダー
- 出入口 引き戸もしくは外開き 外から開錠できる
- 床は滑りにくいもの

※ 清掃性の良いものを選びましょう。

■動作と手すりの一例

　便所の大きさ、身体状況、習慣等によって手すりの設置本数や位置は変わります。取り付け位置は、本人に動作をしてもらい決めるのが良いとされています。また、本人がよく触る場所（壁が汚れています）を目安にすることもできます。

●主に立ち座りのための手すりの例（状況に合わせて選びましょう）

側方縦手すり

側方横手すり　　前方横手すり

トイレガード

57

Ⅱ 行為と空間デザイン

入浴・排泄ゾーン／トイレ

介護が必要になったとき、車いすの可動スペースや介助スペースについて考えておきましょう

■車いすでの便器移乗方法と必要スペース例

① 前方移乗
上肢が弱い場合は図のように使用します。立てる場合は向きを変えて通常の座り方で使います。

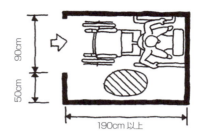

■必要スペース

自立使用の場合、幅は一般の便所と変わらないが、車いすの入る奥行きを取る必要がある。比較的狭いスペースでよい。

② 斜め移乗
斜め前より寄りつき、手すりを使いながら便器に移乗します。両上肢が強い人か2-3歩ける人向きです。

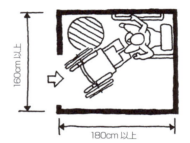

幅はやや広く取っているが、奥行き180cm程度でよい。自立と介護とも同じスペースで取れるので、初期段階から計画しやすい。

③側方移乗
便器の側方から、手すりを使いながら便器へ移乗します。対麻痺や片麻痺（左）の人の基本的な移乗の仕方です。アームレストのはずれる車いす向きです。

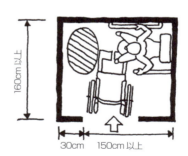

介護者を要する場合でも比較的奥行きが少なくてすむが、横幅が必要。

④斜め後方移乗
便器の斜め後方から寄りつき、車いすのアームレストをはずして身体を横移動させ便器に移乗します。上肢の弱い人や座位バランスのとれにくい人向きです。

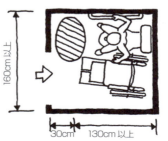

バックによるアプローチと、車いすのアームレストを外し、横移動ができることが、前提となる。

介助スペース

※寸法は内々寸法

参考図書：「高齢化対応住宅リフォームマニュアル」

■ 行為と空間デザイン

入浴・排泄ゾーン／トイレ

押入れスペースを便所にし、寝室と隣接させる

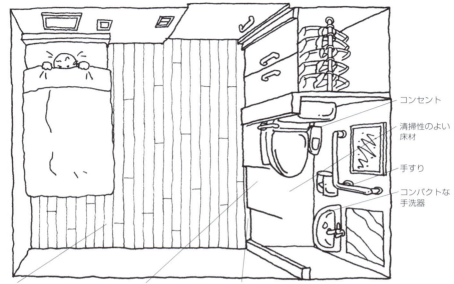

- コンセント
- 清掃性のよい床材
- 手すり
- コンパクトな手洗器

- 車いす移動が楽な床材
  ・コルク材／木製フロア材
- 3枚引き戸
  ・有効開口が広い
  ・左右どちらからでも出入りできる
- 段差のない出入口

■リフォーム

便所までの移動が困難であったり、和室での車いす使用が大変な場合に、押入れスペースを便所にリフォームし寝室と隣接させ、畳をフローリングに替えます。　※ただし家屋条件によって設置できない場合もあります。

リフォーム前

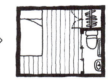
リフォーム後

■移乗方法と建具（3枚引き戸の場合）

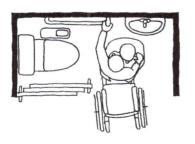

身体状況や建具の大きさにより移乗が困難な場合は、アコーディオンドアなど、他の間仕切りの方法も考えましょう。

※ 押入れを便所にする商品
TOTOと、松下と、ヤマハなどの企業が規格品として取り扱っている

59

Ⅱ 行為と空間デザイン

入浴・排泄ゾーン／洗面所

洗面や着脱衣を安定した姿勢でするには、どのような工夫が必要か、また、車いす使用での洗面を行うための配慮は何か考えてみましょう。

■洗面行為と洗面台

① 立位

《ポイント》
手すりやカウンターで姿勢を保持します。

② 座位（いす・車いす）

《ポイント》
・膝が当たらないように薄型洗面器
・フットレストが当たらないようにPトラップ
・座位（本人）・立位の両方で使えるように大きめの鏡を低い位置から垂直に設置
・水栓操作がしやすい混合水栓シングルレバーもしくは自動水栓

〈車いすで使用する場合〉
　洗面台の高さを目安としてアームレストが洗面器前のリム部分に当たらない 75cm 程度としますが、立位の場合は 75～85cm となります。使用する人や車いす・洗面器の種類によって高さの調整が必要です。

●着脱衣行為

《ポイント》
不安定な姿勢での着脱衣行為は危険です。スツールや手すりを設置し、安定した姿勢で行います。

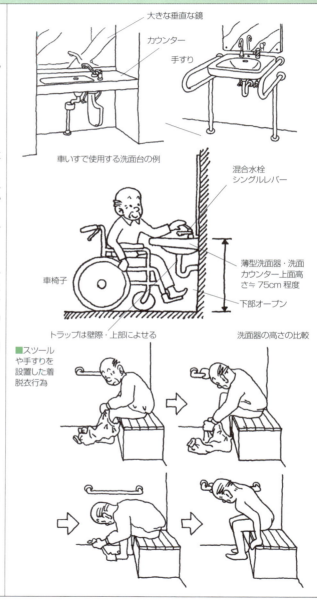

II 行為と空間デザイン

入浴・排泄ゾーン／洗面・脱衣室

らくな姿勢で動ける洗面・脱衣室

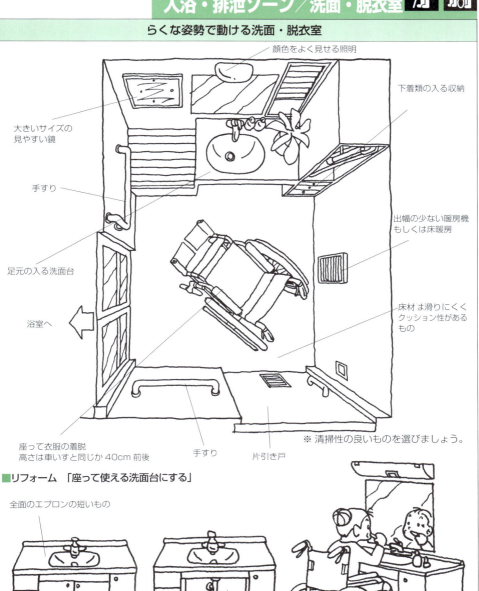

■リフォーム 「座って使える洗面台にする」

入浴・排泄ゾーン／洗面所

毎日出る汚れ物、簡単にすませたいものです。使いやすい洗濯スペースについて考えてみましょう。

① 下洗い
・汚物洗い用シンクの設置

② 洗剤を入れる
・洗剤を取りやすい位置に

③ 洗濯機を操作する
・操作しやすい洗濯機で
・使いやすい高さや配置に

※防水パンについてはつまずきの原因になることもあるので注意します。

④ 洗濯物を干す
・乾燥器は衣類の出しやすい位置
・物干場は雨のかからない手の届きやすい高さに

※ 身体状況によって高さは変わります

■ドラム式洗濯・乾燥機の場合

II 行為と空間デザイン

入浴・排泄ゾーン／トイレ・洗面所

排泄行為／洗面行為　動作別にみる器具選び。本人の身体状況・家屋条件・介護力によって変わります。専門家に相談されることを奨めます。

排泄行為動作	自立		介護
	歩行で移動	車いすで移動	リフトで移動
1 便所に入る	扉を開ける	手すり 身体を支える	シャワー用いす 機器で移動する	リフト(移動のページ)
2 座る・立つ	手すり 身体を支える	便器 動作を補助する	立ち上がり補助便座	車いす対応便器 便器高(45cm) 車いすから移乗
3 排泄と後始末	片手で切れる紙巻き器 お尻を拭く	温水洗浄便座 お尻を洗う		便器洗浄遠隔操作装置 排水レバーの操作をリモコンやセンサーによって行います 洗浄する
4 洗面する	洗面器 洗面する	手すり 身体を支える	シングルレバー混合水栓 簡単に操作する	自動水栓

63

就寝ゾーン／寝室

高齢者の寝室を考えるときの基本ポイント

高齢者にとっての寝室は夜間の睡眠だけでなく、ゆっくりとくつろぐための重要な空間です。特に寝たきりの場合は、食事・着替え・排泄、時には入浴サービスを受け入れたりと日常生活のほとんどを寝室で過ごすわけですから、孤独感やうつ状態にさせない快適で安心できる環境づくりがポイントです。

①配置計画

高齢者が現在健康でも、将来の介護時に対応できるように他の部屋との関係を考えて計画しましょう。できれば右図のように便所は寝室と直結し、居間や食堂は家族の様子が分るように配置するとよいです。寝室には、非常時に容易に出られるテラスなどの確保も重要です。

②広さ

広さは、寝具を布団にするかベッドにするかで異なってきます。右図のように布団で寝ていた6帖間を、移動や起居動作が困難になった時点でベッドを設置し、さらに床をフローリングにすれば車いすにも対応できます。しかし介助を考えると8帖間はほしいです。一般的に車いす回転スペースとして150cm確保とされていますが、車いすの選び方など工夫すれば狭くても対処できます。

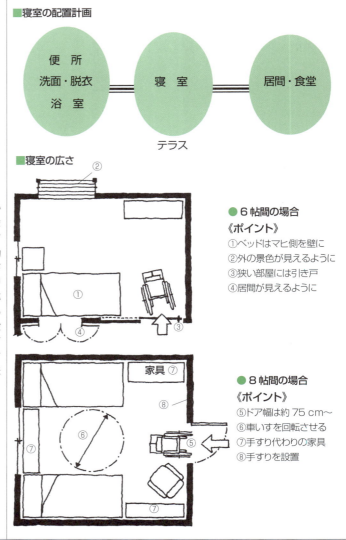

■寝室の配置計画

■寝室の広さ

● 6帖間の場合
《ポイント》
①ベッドはマヒ側を壁に
②外の景色が見えるように
③狭い部屋には引き戸
④居間が見えるように

● 8帖間の場合
《ポイント》
⑤ドア幅は約75cm〜
⑥車いすを回転させる
⑦手すり代わりの家具
⑧手すりを設置

II 行為と空間デザイン

就寝ゾーン／寝室

いつまでも安心・快適な暮しを自立して過ごせる寝室の工夫

■団らん型のプラン（家族も使える和室を介して居間と寝室をつなげる）

■身体に障害を持つ人の入浴・排泄を手助けする天井走行リフト

リフトは寝たきりにさせないための装置だが、自尊心を傷つけない配慮も不可欠。他に床走行型リフトもあるので、本人ともよく相談することが望ましい。

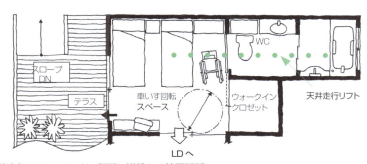

■天井走行リフトとベッド・便器・浴槽との位置関係

走行リフトは便器や浴槽に下ろしやすい位置にする。天井走行リフトを使用する際の注意は、リフトシートの材質をチェックして肌にやさしいものを選ぶこと。

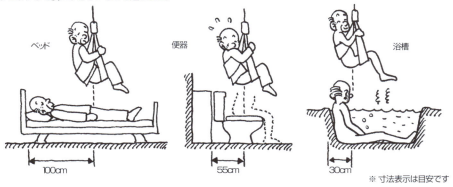

※ 寸法表示は目安です

参考図書：『安心快適シルバー住宅』吉田紗栄子著／（財）経済調査会

II 行為と空間デザイン

就寝ゾーン／寝室

●介護ベッドの選び方
年齢／体型／体重／身長／症状など生活状況と自立度を把握し、進行性か慢性かを見極め自立を促進する補助具としてのベッドを選びます。

●マットレスの選び方
寝たきりの方には、体圧分散、通気・吸湿性に優れ比較的固めなど、身体機能の状態に合わせ選択します。

●仕上げ材
就寝時の火災を考慮して不燃材を使用したいものです。
・床／滑らずクッション性のあるもの
・天井／寝ていることを考慮して色・デザインを選びます。

●ベッドへの移乗
立てない場合は、ベッドと車いすを同じ高さにすると移乗しやすいです。

●収納
難しい収納は避け、使用頻度の高いものは手の届く範囲に集中させ、車いすでも無理のない姿勢で出し入れできる位置に設けます。

●開閉しやすい建具
敷居の段差をなくした引き戸が望ましく、取手、引き戸は使いやすい形状と適切な位置に取り付けます。

■ベッドの高さ

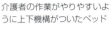
介護者の作業がやりやすいように上下機構がついたベッド

腰かけて足のうら全体がつく高さが理想
低い位置 37〜43cm

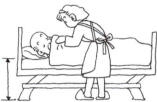
高い位置約 60cm

■ベッドからの立ち上がり補助具

立ち上がり補助枠

■車いすでベッド側方から移乗する場合

 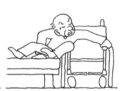

■布団の上げ下ろしが楽な収納法

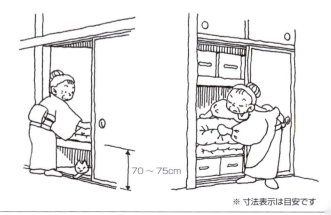
70〜75cm

※ 寸法表示は目安です

II 行為と空間デザイン

就寝ゾーン／寝室
自立して生活する人のための寝室

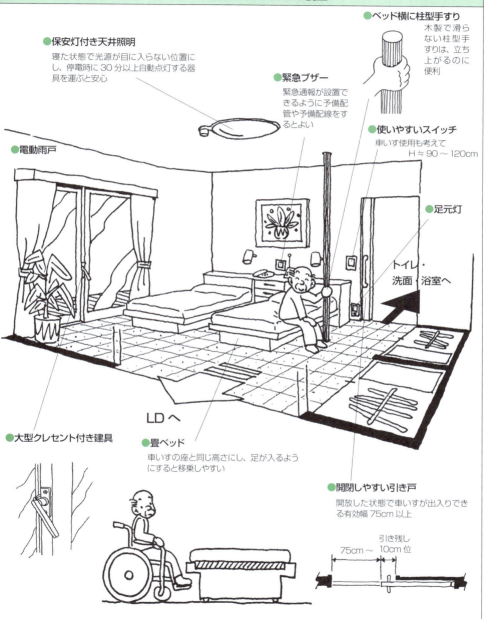

●保安灯付き天井照明
寝た状態で光源が目に入らない位置にし、停電時に30分以上自動点灯する器具を運ぶと安心

●緊急ブザー
緊急通報が設置できるように予備配管や予備配線をするとよい

●ベッド横に柱型手すり
木製で滑らない柱型手すりは、立ち上がるのに便利

●使いやすいスイッチ
車いす使用も考えて
H≒90〜120cm

●足元灯

トイレ・
洗面・浴室へ

●電動雨戸

●大型クレセント付き建具

●畳ベッド
車いすの座と同じ高さにし、足が入るようにすると移乗しやすい

●開閉しやすい引き戸
開放した状態で車いすが出入りできる有効幅75cm以上

引き残し
75cm〜 10cm位

LDへ

就寝ゾーン／寝室

● 介護用ベッドの利点
高さ調節や頭側、足側の高さを変えることができ、清拭、食事、着替えがなどがしやすいです。

● 水回りへの動線
失禁時や痴呆症の人の排泄時の汚れにもすぐ対処できるシャワー室が便所や寝室に隣接してあると清潔に保てて便利です。

● 寝たきりをつくらない
起居動作が楽にできること。車いすやポータブル便器などに楽に移動できるための補助具を活用して、寝室に閉じこもらせないことが重要です。

● リフトの利用
ベッドから車いすに移る時や便所などへの移動に寝たきりの人を介助する上でたいへん便利です。

● 冷暖房設備と換気
高齢者は、体温調節が難しくなるので冷暖房空調機を設置します。さらに室内温度調節と新鮮な空気を取り入れるために空調換気扇を設置します。

■ 介護者ベッドの工夫で、昼夜のメリハリをつける

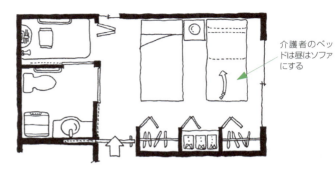

介護者のベッドは昼はソファにする

■ 寝たきりをつくらないベッド周辺の工夫

背上げ機能　　　　　　　　　　介助バーで立ち上がる

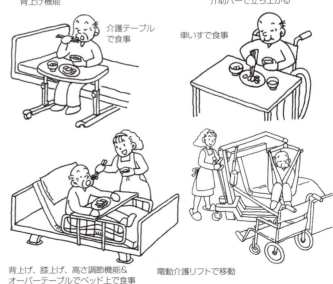

介護テーブルで食事　　　車いすで食事

背上げ、膝上げ、高さ調節機能＆オーバーテーブルでベッド上で食事　　電動介護リフトで移動

II 行為と空間デザイン

就寝ゾーン／寝室
介護者が必要なケースの支援

■ 将来を見越してのチェックポイント ■

押入れ（クロゼット）を将来シャワー兼トイレに改造できるように設備配管工事をしておくと便利

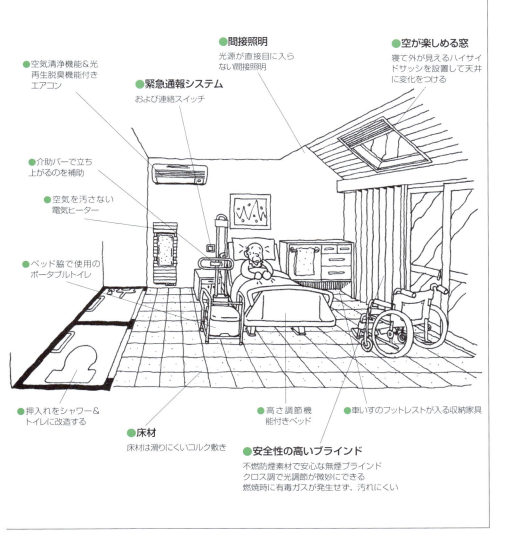

- ●間接照明
  光源が直接目に入らない間接照明
- ●緊急通報システム
  および連絡スイッチ
- ●空が楽しめる窓
  寝て外が見えるハイサイドサッシを設置して天井に変化をつける
- ●空気清浄機能＆光再生脱臭機能付きエアコン
- ●介助バーで立ち上がるのを補助
- ●空気を汚さない電気ヒーター
- ●ベッド脇で使用のポータブルトイレ
- ●押入れをシャワー＆トイレに改造する
- ●床材
  床材は滑りにくいコルク敷き
- ●高さ調節機能付きベッド
- ●車いすのフットレストが入る収納家具
- ●安全性の高いブラインド
  不燃防煙素材で安心な無煙ブラインド
  クロス調で光調節が微妙にできる
  燃焼時に有毒ガスが発生せず、汚れにくい

69

就寝ゾーン／寝室

●痴呆性老人のための在宅介護のポイント

痴呆性老人にとって、住み慣れた環境で安心して暮らすことが重要です。それには介護側も含めて安全で支援的な住環境づくりが求められます。

●在宅介護の住環境づくり

在宅介護を少しでも容易にするためには、被介護者に残っている機能を維持し、自立を促すことが必要です。そのためには、右の3つの環境づくりを整えることが大切です。

●寝室のつくり方

*ベッドから落ちない工夫
*ベッドから起き出し予防
*介護者用ベッドを使用
*失禁対策
　ベッドに防水シーツ利用します。

●医療依存度の高い人在宅介護のポイント

*点滴や各種管類を吊せる
*空気清浄器で室内清潔に
*気分を鬱にさせない工夫
　として庭が見えるようにします。

■痴呆症は時間経過とともに進行し、知的能力も体力も低下しますので、長期的計画が必要です

＊大規模な改造は対応できる初期の段階で行うとよい

初期	中期	重度
肉体的に活動的 記憶力や判断力が低下するため安全考慮で改造	安全と自尊心を保ち、適材介護を支援する手すりの設置	車いすや寝たきり入浴や排泄を考慮する介護用ベッドの設置

■痴呆性老人の在宅ケアにおける3つの目標とすべき住宅環境

1. 安心感を与える環境
2. 安全で支援的な環境
3. 活動機会を与える環境

本人が自立した生活をしていれば、介護は容易になるということです

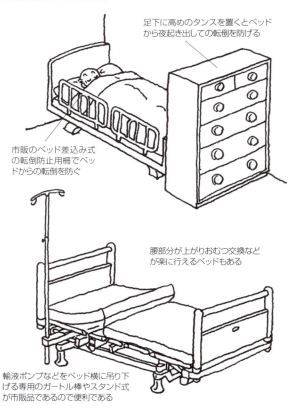

足下に高めのタンスを置くとベッドから夜起き出しての転倒を防ぐ

市販のベッド差込み式の転倒防止用柵でベッドからの転倒を防ぐ

腰部分が上がりおむつ交換などが楽に行えるベッドもある

輸液ポンプなどをベッド横に吊り下げる専用のガートル棒やスタンド式が市販品であるので便利である

参考図書：『痴呆性老人のためのやさしい住まい──在宅介護を成功させるために』監訳柴田博・満端光雄

II 行為と空間デザイン

就寝ゾーン／寝室
痴呆性老人のための寝室

●シャワー・トイレ室
失禁時に、本人を洗ってあげられる場所としてのシャワー室があると便利

外側だけが回るドアノブ
棒のボタンを押しながら回せば、普通に開けられる

床に湯を流して洗えるので便所が清潔に保てる

シャワーカーテン

手すり

●鍵付ドアノブ
鍵をつける

ベッドから起き出すのを防ぐ高めのタンス

足元に踏むと鳴る警報マットを置く

介護する人の部屋（配偶者・子供・ヘルパー）

●気配窓
（朝、昼）
LDKからもベッドにいる老人と話せる窓をつくる

●簡易型建具ロック
徘徊対策に、サッシに簡易にロックできる市販品取手を使うと便利

●気配窓（夜）
小窓を開けておくことで介護者がベッドから夜間気配を感じ取れ身体を休めることができ、閉めれば老人は隣室の明かりに邪魔されない

●床材
床材は失禁しても掃除がしやすく、臭いが吸着しないものを選ぶ／材料には長所と短所があり、上記の要求を考慮するとフローリングが良いが堅く滑りやすい欠点がある。コルクはクッション性があるが汚れやすい。各家庭のケースごとに判断して決めるとよい

II 行為と空間デザイン

就寝ゾーン／高齢者居室

高齢者居室はおおかたの生活行為を行う部屋

＜くつろぐ・コミュニケーション＞
（客を招く・茶を飲む）
高齢者居室に客を直接、招きやすい動線
客をもてなす、ミニキッチン
くつろぐ空間からベッドを見せない配慮

＜身繕い＞
（着替える・化粧する）
化粧できる照明
取り出しやすい収納
見やすい大きな姿見

高齢者居室

＜趣味を楽しむ＞
（テレビを見る・読書する）
ベッドからもTVを見えるように
読書しやすい照明
疲れなく立ち上がりやすい椅子

＜睡　眠＞
（寝　る）
熟睡できる空気環境とプライバシーの確保
自力で寝起きしやすいベッド
寝ぼけて転ばないための配慮

● 高齢者の居室は、睡眠のためのベッドルームだけでなく、くつろぐための洋室か和室の2室構成が望ましいでしょう。年をとっても生きがいのある生活を送るためにも、余裕があればベッド以外のスペースがほしいです。狭い場合は趣味や、書斎コーナーを居間や食堂に組み込む方法をとればできます。お年寄りをベッド空間に閉じ込めない工夫を心がけたいものです。

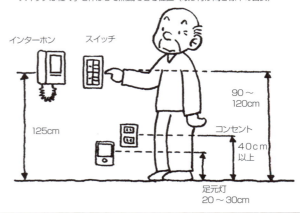

スイッチは軽く手を伸ばして点滅できる位置（取り付け高さ標準の目安）

インターホン　スイッチ
125cm
90～120cm
コンセント
40cm以上
足元灯 20～30cm

II 行為と空間デザイン

就寝ゾーン／高齢者居室

くつろぐ茶の間3帖を併設した高齢者居室

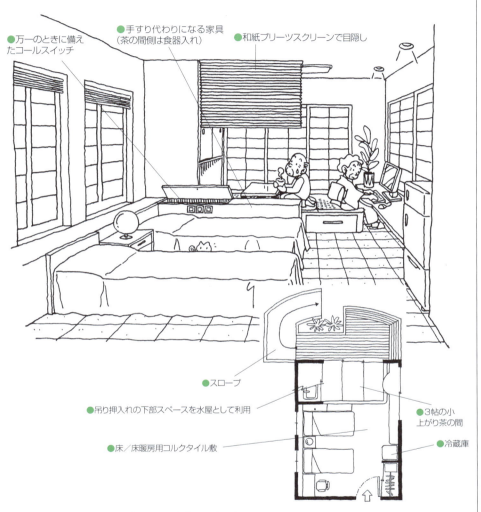

● テラスから直接近所の人を高齢者居室へ招き入れる

＊間仕切り家具上部にスクリーンを下げベッドが見えないように工夫する
＊茶の間にはミニキッチンがほしい。狭い場合は、図の様に押入を活用して対処
＊茶の間の床は、行き来がしやすく腰掛けられる高さにすると便利

就寝ゾーン／高齢者居室

本人の要求に合わせてできる在宅介護のちょっとした工夫

●できる限りおむつに頼らない工夫

年をとると尿意、便意を感じてからの行動が遅くなります。寝床から起居しにくく、用をたすための作業が困難になってきた時ポータブルトイレを利用しますが、家具調や着座・起立に便利な手すり付きなどもありますので、まず展示場で実際に確かめ、気に入った物を選びましょう。

●出入り口の段差対処法

室内に様々な段差がある場合、市販されている段差スロープで対処する方法がありますが、段差スロープの方が恐いという人もいるので、車いす移動でない場合は、本人と話し合って決めましょう。

■ポータブルトイレをベッド脇に置く場合、未使用時はポータブルトイレは隠したいもの。下図は窓を増築して簡単にカーテンで隠す方法。換気孔を設け臭い対策も考慮した案です

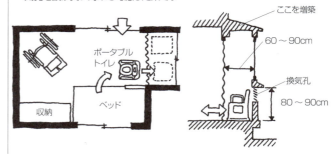

■出入り口脇に縦型手すりを設置。足元を照らす熱センサーライトをつけ段差を知らせる方法

■手すりが付けられる下地がない場合。建具枠に取り付くL型手すりを使えば大丈夫

Ⅱ 行為と空間デザイン

就寝ゾーン／高齢者居室

新築時にどこまで在宅介護を意識すればいいのか

● **現在自立して生活している人が、快適に老後を過ごす場合**

《ポイント》
① 玄関出入りの時、右図のように階段のステップを活用したベンチがあると靴脱ぎに便利
② 寝室の出入り口建具は、引き戸にして、段差をつくらない
③ 寝室と浴室・トイレは近くに配置しておく
④ 押入れがある場合は、将来トイレに変更出来るように設備配管工事をしておく
⑤ 冷蔵庫・パネルヒーター・換気扇用のコンセントを付けておく

● **現在介護していて、全介護になったときに快適に暮らしたいと考えている場合**

《ポイント》
① 老人を個室に閉じ込めない工夫として、個室をリビングの横に配し、建具を開放する方法
　右図は、市販スクリーンを活用して、仕切る方法
② できるだけ家族全員で介護するためにも、ワンルーム型のプランにするとよい
③ 老人のベッドと浴室を近接させ、入浴サービス時の給湯に対処する
④ 介護者のベッドを設置できるスペースをつくっておくとよい

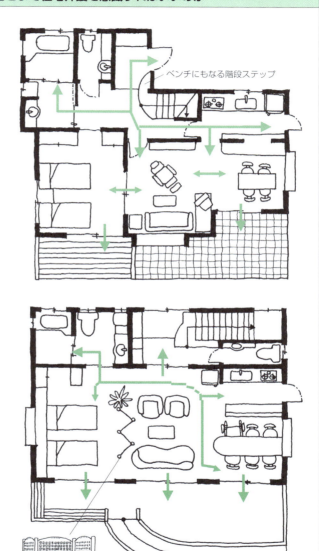

ベンチにもなる階段ステップ

市販のスクリーン

食事ゾーン／LDK

安全性、機能性、快適性を重視したLDK／生活を楽しむ空間づくり

食事を作る、食べる、くつろぐ、という行為は、高齢者の生活の中で、大きなウエイトを占め、楽しみにしている部分です。家事はボケ防止にもなりますから、出来るだけ長く調理が楽しめる工夫とともに食事も楽しめて、くつろげる生活が出来るような空間づくりを心がけましょう。

● LDKの構成

食事スペース
作って食べるという動作を楽に行えるように、動線を短くし、配膳しやすい工夫をする

くつろぐスペース
食堂、居間、どちらも団らんのスペースとして、お互いが見通せる位置にあるとよい

・動線は短く単純に
・孤独にしない工夫と配慮

●各部屋のポイント

台所	●安全性──	濡れても滑りにくい床仕上げ　●安全な調理器具　●操作性のよい設備機器　●感覚機能（温熱感覚、嗅覚、視力）低下の補完　●非常時の際の対策と火事を出さない工夫
	●機能性──	作業しやすい配置　●配膳動作が容易にできる　●使いやすいスイッチ類と収納スペース
	●快適性──	明るい照明　●掃除がしやすいこと
食堂	●安全性──	他室とのつながりは段差なし　●滑りにくい床仕上げ　●安全で操作しやすい建具　安全な暖房器具
	●機能性──	テーブルなど食卓寸法は、　●食事方法・座る姿勢・車いすの使用の有無で決める
	●快適性──	楽しく、おいしく食べる空間の演出と室内環境への配慮
居間	●安全性──	同室に和室がある場合は段差を極力なくすか、逆に和室を腰掛けられる高さに上げるとよい　●安全な暖房器具
	●機能性──	他の部屋とのつながりを考慮　●大きな掃き出し窓は横桟を入れるなど視力低下への配慮
	●快適性──	居心地よく、くつろげる空間の演出　●照明器具や家具の配置、色彩を考慮　●冷暖房に十分配慮

老いは誰でも皆迎えるものであって、加齢による機能低下は避けがたい現実です。それを考慮した生活環境を整えていければ、高齢期になっても自立した生活を送ることが可能です。高齢者に快適な住まいは、あらゆる世代にとっても安全で便利で、快適に暮らせる住まいとなります。

II 行為と空間デザイン

食事ゾーン／LDK

■ **高齢者世帯のLDK**

- 玄関と勝手口を隣合わせに配置
- 車いすで食事が作れるL型やコの字型キッチン
- キッチンと連動した食卓テーブルは茶の間側からも使える
- 茶の間と寝室は大きな障子の間仕切でフレキシブルに仕切る
- DK・茶の間と寝室がオープンに見通せるワンルームスタイルは動線が単純で動きやすい

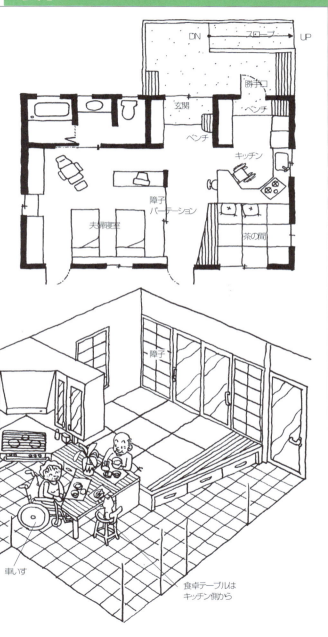

Ⅱ 行為と空間デザイン

食事ゾーン／キッチン

高齢者の食事環境はどうなっているのか

高齢者の食環境は人様々です。特に1人暮らしか、夫婦2人暮らしか、子供の家族と同居しているかによって異なる上、身体の状態、料理を作るのが好きか否かでも異なってきます。民間、公的機関で行っている配食サービスを活用している人と毎日料理を自分で作る人のキッチンでは注意するポイントが大きく違います。高齢者の食事環境から以下の4タイプに区分できます。

	食事を毎日作る	ほとんど作らない
一人で暮らす	**A Type**  ・1人でも料理が好きなので調理ができるまでキッチンに立ちたい。漬物は欠かしたくない（ヌカミソ、白菜づけ）。	**B Type**  ・1人分の調理では不経済なので作らない。出来合いの惣菜やレトルトや缶詰を買ってすませる。
二人で暮らす	**C Type**  ・2人とも食いしん坊の料理好き。 ・作りながら食べたいのでカウンタータイプが便利。酒も少々たしなみたい。	**D Type**  ・健康を害しているので、カロリー計算や減塩メニューの配食サービスを受けている。 ・キッチンを使うのはティータイムの時。

注）この場合子供世帯との同居は入れてありません

❷ 行為と空間デザイン

食事ゾーン／キッチン

各タイプ別注意すべきキッチンのポイント

A Type（1人でも料理を作りたい）

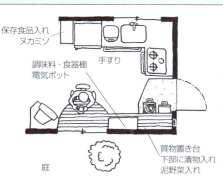

- 立ち作業用に手すりをキッチンカウンター前につける。
- 歩き回らないで身体の向きを90度変えるだけで作業が出来るようにキッチンはコンパクトのL型にする。
- 1人で食べるのが淋しくないよう庭を見て食べられる位置に食卓テーブルを置く。

B Type（1人暮らしなのでほとんど料理しない）

- 料理しないのでミニキッチンで十分、電子レンジは必需。
- 自分の席周辺に様々な日用品を手が届く範囲に置けるようにする。
- 台所で洗濯も出来るようにしておくと便利。
- 畳へはフラットで段差なしで出入り出来るようにする。

C Type（2人で料理を作るのを楽しむ）

- 2人で話をしながら下ごしらえが出来る調理台兼食卓テーブルが必需。
- 車いす使用ができる高さと足元が入る工夫。
- 食器洗い乾燥機があると便利。
- 調理台と食卓テーブルは段差がなく、コンロから鍋をスライドして食卓テーブルに移動できる。

D Type（病気がちなのでほとんど料理しない）

- 減塩メニューの配食サービスを利用しているので、その搬入口と食事を一時置いておく場が必要。
- 片方が病気がちなので、2人で食卓テーブル近辺で過ごせる工夫。
- 部屋に臭気がこもらないように通気・換気を考える。

79

II 行為と空間デザイン

食事ゾーン／キッチン

A Type（毎日料理を作って食べている高齢者）の場合

家事は意外と重労働。キッチンは機能性と合理性を重視し、作業の安全性が確保され楽に作業できること

1. 下肢機能の衰えから、長時間の立ち作業が体にこたえます。
2. 身体機能が全般的に衰えるため、掃除などのメンテナンスが大変つらくなります。
3. 手指の衰えから、ガスコンロのつまみや水道蛇口など、手先の細かい作業が難しくなります。
4. 視力の衰えから、設備機器の文字が読みづらくなります。
5. 視覚の衰えと記憶力の低下が、設備機器の消し忘れ、ガスもれに気がつかないことも考えられます。
6. 皮ふ感覚が鈍くなり温度に対する反応が衰えるので、火傷に気がつかないことも考えられます。
7. 万一火災になった場合に、避難が遅れがちになります。

以上が身体機能低下の特徴です。次に対応策を考えましょう。

1. 機能性への対応策（身体に負担をかけない工夫）

●流し・調理台

腰や膝が曲がっている状態で流し台を使用する場合は、ニースペースをとり、膝やつま先が流し台より奥に入ると楽な姿勢になります。車いす使用者と健常者が両方で使用する場合は、カウンター高さが電動や手動で変えられるシステムキッチンもありますので検討してみましょう。最近では少人数用の置式、ビルトイン食器洗い乾燥機が普及してきましたので、採用すると後片づけが楽になります。

●下ごしらえをする

・長時間の立ち仕事は疲れるので、座って作業ができると便利。
・作業カウンターの長さが十分にとれないときは、スライドテーブルが有効です。

膝やつま先が流し台より奥に入るスペースをとるだけで、立ち作業が楽な姿勢になる。　ニースペース

シンク下のキャビネットが引っ込んで足元に余裕をもたせた。太めの握りバーがちょっとした動作の支えになる。

コンロとシンクの中央にセットできるスライドテーブル付きキャビネット。幅45cmのテーブルだから、調理スペースにもゆとりが出る。

Ⅱ 行為と空間デザイン

食事ゾーン／キッチン

2. 消し忘れに対する対応策――安全性の確保

● **立ち消え安全装置付き ガスコンロ／熱センサー ガスセンサー**

加熱・調理する

・火災・やけど、換気などに特に注意し、安全面への対応を重視します。
・温度調節安全機能付きガスコンロや立ち消え安全装置、天ぷら火災・消し忘れ防止、安全機能付きのガスコンロなどがあります。
・他に火を使わない電磁調理器やIHクッキングヒーターなど安全性の高い機器もあります。

煙感知器やガス漏れ警報機などの設置

スイッチも色分けし、文字表示もはっきり見やすい
・安全機能
・安全バーナー
・内炎式バーナー
・天ぷら油加熱防止
・焦げつき消火
・消し忘れタイマー
・立消え安全装置

熱やガス、煙をキャッチするセンサを設けるなど、火災やガス漏れ防止にできる限りの配慮を。

3. 配膳と暖房の対応策――快適性の確保

● **機能性**
　配膳とメンテナンス

盛りつけ

・盛りつけるスペースを確保。
・配膳のしやすさを考慮。

コンロ前面の壁仕上げは、手入れの楽なフッ素樹脂フィルをラミネートしたパネルかステンレスが良いでしょう。

● **快適性**
　足元温風ヒーターと 床暖房

床暖房

頭寒足熱の理想的な暖房システムです。足元から暖まり、冬の台所仕事も快適にできます。火を使わないので安全性も高くなっています。

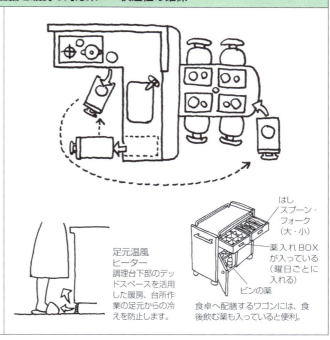

足元温風ヒーター
調理台下部のデッドスペースを活用した暖房。台所作業の足元からの冷えを防止します。

はし
スプーン・
フォーク
（大・小）

薬入れBOX
が入っている
（曜日ごとに
入れる）

ビンの薬

食卓へ配膳するワゴンには、食後飲む薬も入っていると便利。

■ Ⅱ 行為と空間デザイン

食事ゾーン／キッチン

車いすを使用して料理を作る人の場合のポイント

1. 動線が単純で移動しやすいプランにする
2. 家族も手伝いやすい工夫をする
3. 重いなべなどは、テーブル上を滑らせて配膳できるように、キッチンとテーブルを一体型にする
4. カウンター下は膝が入るようにする

● **車いすで使用する台所は個人の身体状況に合わせた配慮をする**

①台所の広さ

車いすは、前後には動けても、左右には移動できないので、方向転換する時には、車いすが回転するスペースが必要となります。また高齢者の労力を考え動線が短いL字型やコの字型が良いでしょう。

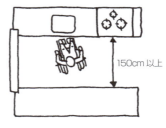

2列型

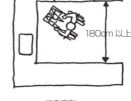

コの字型

L字型

車いすでの作業が可能なキッチンスペースとカウンターのサイズ（単位：cm）

②カウンターと収納の高さと奥行き

可動域が制限されるので、一目で収納物が分かり出し入れしやすい寸法設計をします。

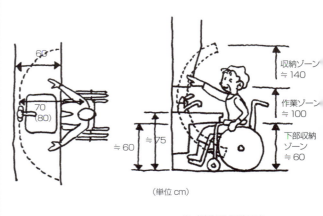

（単位 cm）

※ 寸法表示は目安です

Ⅱ 行為と空間デザイン

食事ゾーン／キッチン

座りながら調理ができるキッチンレイアウト

天窓から自然光が差し込み、明るくさわやかなキッチン。座って作業をすることや動線を短くするなどの配慮をしておけば、高齢者はもちろん、家族も使いやすいキッチンが作れます。

壁材は汚れが落ちやすいフッ素加工のものやステンレス、大判タイル

換気扇スイッチは手元につける

手元スイッチ

手すり

膝、足元が入るニースペース

移動動作が少なくてすむようにコンパクトにまとめます。ダイニングまでの動線がスムーズにつながるように出入りの楽なレイアウトにします。

II 行為と空間デザイン

食事ゾーン／食堂（食事をする）

① 孤独にならない工夫

いつもテレビに向き合って食事するのは味気ないでしょう。庭に向かってテーブルを置いて庭木や小鳥を相手に食べることも考えてみませんか。
ベッドから出来るだけいすに移って家族と一緒に食べる工夫をしましょう。

② 1日の体内リズムをつくる

高齢者の1日の生活で、朝・昼・晩と体内リズムを作ることが大切です。光と生体リズムの関係を知って、3度の食環境を整えます。特に朝食時に朝日や太陽光を浴びることで覚醒させることが望まれます。太陽光が十分に取り込め、風通しもよい南・東側にダイニングを配置することが好ましいでしょう。夜間は適正な照度が得られる照明器具を設置しましょう。

③ いすとテーブルの選び方

・身長に合わせた高さのいすを選びましょう。
・車いす用のテーブルは、アームレストの高さ、フットレストの奥行きを考慮して検討しましょう。

■ 1人で食べる人の場合の食卓テーブルの例

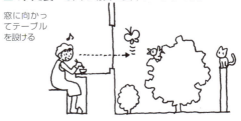

窓に向かってテーブルを設ける

■ ベッドから家族の食堂へ移動して食べましょう

朝食時太陽光か太陽光に近い光で覚醒させる

高齢者の視力が低下した場合の適正照度

まぶしい電球や光源が見えない配慮をしましょう（食堂 150 ルクス、食卓面で 700 ルクスを目安にしましょう）

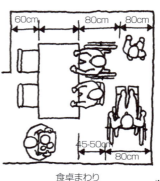

食卓まわり

※ 寸法表示は目安です

Ⅱ 行為と空間デザイン

食事ゾーン／食堂

おいしい食事のために

● **大きな窓で明るく**
・四季折々の外の景色を楽しむ
・ガーデニング
・アウトドアリビング

● **作業動線を短く効率的に**
台所とダイニングは、作業動線を短く効率的に
・日常用の食器類は、食卓に近い位置に収納

● **おいしい食事は照明から**
・ペンダントの光で食卓に中心感を演出
・料理がおいしく見える光源

● **高さが重要**
体に合った高さのいす、テーブルを選ぶ
・軽いいす
・つかまっても安全で頑丈なテーブル
・車いすのフットレスト（足置き）がぶつからないテーブル
・車いすのアームレスト（ひじ部分）が入る適切な高さのテーブル

● **床材を選ぶ**
・掃除しやすい床材
　（木質系およびコルク系床材、
　長尺塩ビシート等）
・部分的に取り替えられるタイルカーペット
・車いす対応のフローリング

II 行為と空間デザイン

食事ゾーン／居間（団らんする）

居間の役割――明るく、楽しく憩える場所

●居間の役割

日常の生活の仕方や時間がまちまちな家族同士が顔を合わせ、食事や会話を通してコミュニケーションを行う場所です。出入りしやすく、安全で快適に過ごせるような配慮を心がけます。

①すべての空間をつなぐ役割

家の中で中心的存在の部屋で、目的がなくても家族が自然と集まってくる部屋です。居心地よい環境づくりがポイント。

②コミュニケーションの場としての役割

・家族の気配が感じられる間取り。
・玄関を通らず庭先から隣人や友達が気軽に遊びに来られる工夫。
・テラスも団らんのスペースに組み入れて計画。

③戸外とつながる役割

・日照、採光が十分とれるように南面、庭面に配置します。
・通風に対して、2面に窓を取り、その内の1面は、非常時の避難や、日常の出入りに利用できるテラスサッシを付けましょう。

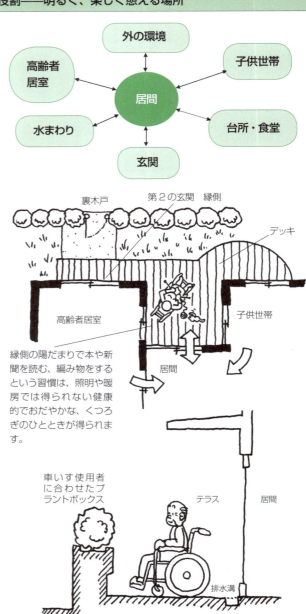

縁側の陽だまりで本や新聞を読む、編み物をするという習慣は、照明や暖房では得られない健康的でおだやかな、くつろぎのひとときが得られます。

II 行為と空間デザイン

食事ゾーン／居間（団らんする）

居心地よくくつろぐために

■安心してくつろげる快適な場をつくる
　日々生活する家の中の状況を整えることが、肉体的、精神的症状の軽減にもつながります。その自己治癒力をサポートする意味から、個人個人の生活の仕方に配慮した環境づくりが望まれます。家族と顔を合わせる場所として"居間"の役割は大きいのです。

■仕組み、しつらえの工夫
- ・動きの楽なゾーニング計画
- ・開閉のしやすい窓、建具
- ・使いやすい収納、什器
- ・健康に配慮した内装材料
- ・防犯、災害への備え
- ・移動、歩行を妨げない室内のレイアウト
- ・快適な空調設備機器
- ・動作をサポートする用具
- ・操作しやすく安全な電気製品

■生活を楽しく活気づけるために
・無味乾燥な空間にならないように色が与える心理的な影響と高齢者の識別しやすい色を要所に扱う配慮をしながら、その色調に合う照明を組み合わせて居心地のよい空間づくりをします。
・心身の健康を維持しつつ活き活きと暮らしていくためには、適度な刺激が大切です。
趣味を楽しむ場所として、人との交流がしやすいように……手先、視聴覚の衰えを補う配慮が必要

安全性を基本に五感から得られる心地よさにも配慮して、快適な空間をつくりましょう

Ⅱ 行為と空間デザイン

移動ゾーン／アプローチほか

高齢者は身体機能や注意力が低下して、敷居につまずいて転んだり、階段から落ちたりという住宅内での事故が起こりがちです。移動に伴う危険をあらかじめ取り除いたり補助具を使用することで、自力で日常生活ができ、生活の範囲が広がります。介護が必要な場合でも、介助の手を楽にすることができます。

●駐車場
玄関まで雨に濡れずに行けるように、屋根を続ける工夫が必要。車いす使用の場合は乗降スペースに注意しましょう（車種によって異なります）。

●防犯への配慮
車いす使用になっても建物のメンテナンスや避難のために、建物を一周できるようなスペースを確保しましょう。防犯のため外灯の設置も忘れずに。
（車いすで避難できるスペースとして有効幅90cm以上が望ましいでしょう。）

●床仕上げ材
雨に濡れても滑りにくいもの、突起のないもの
目地幅は狭く、平坦にして、つまずかないようにします。

●グレーチング（排水溝）
段差ができないようにしましょう。車いすのキャスターや杖の先がはまり込まないようなタイプのものを選びます。
・細目の細かいもの（ピッチ1.5cm以下）
・横溝タイプ

■車いす乗降スペース

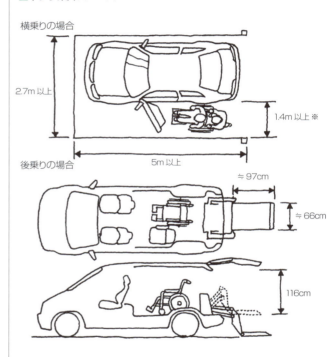

■横断溝の仕様例

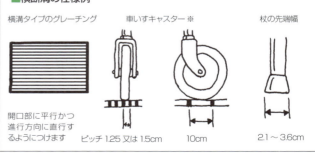

参考図書：東京都「加齢対応型住宅設計・施工の手引き」※印刷分
参考図書：建設省「長寿社会対応住宅設計指針」

■ 行為と空間デザイン

移動ゾーン／アプローチほか

駐車場と玄関アプローチへの配慮

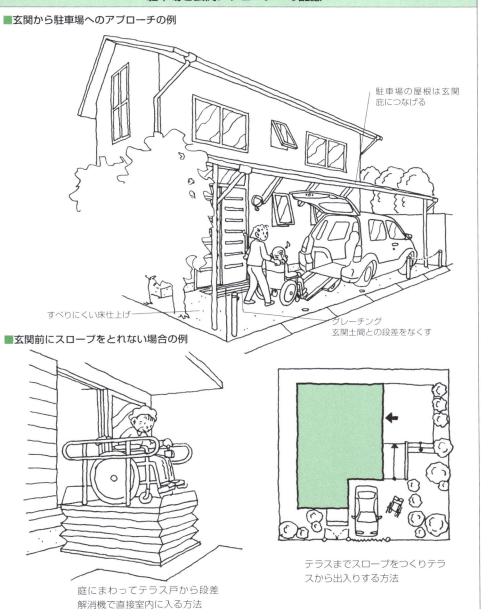

■玄関から駐車場へのアプローチの例

- 駐車場の屋根は玄関庇につなげる
- すべりにくい床仕上げ
- グレーチング　玄関土間との段差をなくす

■玄関前にスロープをとれない場合の例

庭にまわってテラス戸から段差解消機で直接室内に入る方法

テラスまでスロープをつくりテラスから出入りする方法

行為と空間デザイン

移動ゾーン／アプローチほか

● 敷地と建物との高低差

道路から玄関までは、高低差が生じます。ゆるやかなスロープにするか、階段にするか、設計前に敷地の状況と本人の状態とを照らし合わせて検討しましょう。

● スロープ

勾配はゆるやかに取りましょう。短い距離なら 1/12 以下でも可です。（自力で車いすの昇降が可能な勾配は 1/15 以下です。）
スロープの勾配は距離が長いほど緩やかにする必要があります。
スロープの両側には縁石を設け落下防止の配慮を。

● 屋外階段／エントランス

勾配はゆるやかに取りましょう。有効幅は、できれば 90 cm 以上に。回り階段は避けましょう。
段差が見やすいように、段鼻を分かりやすく。階段の方法は次の式を参考にして下さい。
55 cm ≦（踏面＋蹴上げ ×2）≦ 65 cm かつ踏面 ≧ 24 cm

● 手すり

できれば階段の両脇につけましょう。片側の場合は、下りる時に健康な腕が触れる側に。体格や身体の症状により適正な高さには個人差があるので注意しましょう。右図は目安です。

● 照明

人感センサー付きの門灯や玄関灯が良いでしょう。
階段には足元灯をつけましょう。庭園灯で足元を照らす方法もあります。

■簡易スロープ　　■段差解消機

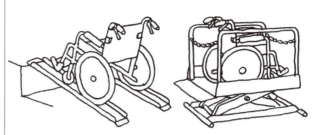

敷地上スロープがとれない場合、ポータブル式の器具の使用や、段差解消機の設置等の方法もある

■段差の少ない階段の寸法目安
■手すりの高さ

手すり径 2.8 〜 3.5 c m ※
握って冷たくない素材がよい

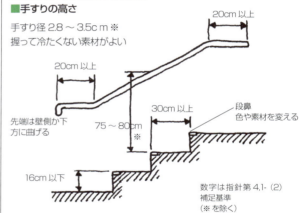

20cm 以上
30cm 以上
段鼻　色や素材を変える
先端は壁側か下方に曲げる
75 〜 80cm ※
16cm 以下
数字は指針第 4,1-（2）補足基準
（※ を除く）

■人感センサー調光タイプの照明

暗くなると弱点灯

人が近づくと全点灯

人が去ると弱点灯

明るくなると消灯

山田照明「1999-2000 デザインライティングカタログ」より

参考図書：東京都「加齢対応型住宅設計・施工の手引き」※印刷分
参考図書：建設省「長寿社会対応住宅設計指針」

Ⅱ 行為と空間デザイン

移動ゾーン／アプローチほか
エントランスアプローチの配慮

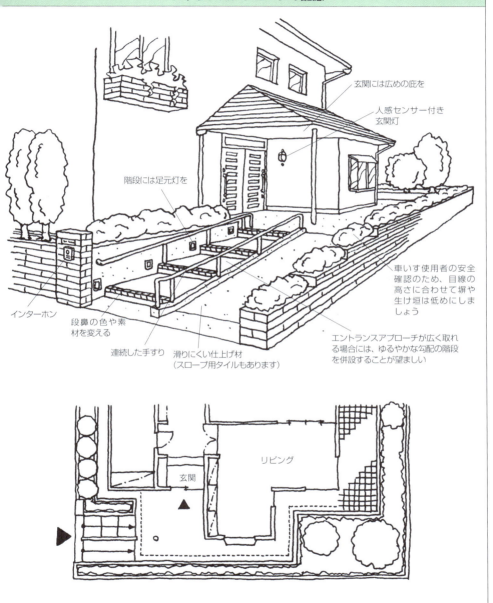

- 玄関には広めの庇を
- 人感センサー付き玄関灯
- 階段には足元灯を
- 車いす使用者の安全確認のため、目線の高さに合わせて塀や生け垣は低めにしましょう
- インターホン
- 段鼻の色や素材を変える
- 連続した手すり
- 滑りにくい仕上げ材（スロープ用タイルもあります）
- エントランスアプローチが広く取れる場合には、ゆるやかな勾配の階段を併設することが望ましい
- リビング
- 玄関

移動ゾーン／玄関ほか

● 玄関ドア

扉は引き戸が望ましいでしょう。開き戸の場合、なるべく親子ドアに。有効幅は75cm以上（できれば80cm以上）。

沓ずりで段差を作らないようにしましょう。

ドアクローザー（自動閉鎖装置）はゆっくり閉まるように調節。取手は大型で握りやすい形状のものに。

● 上がり框

18cm以下が望ましいでしょう。低くできない場合は、式台を設けましょう（段差は等しく割る）。

車いすの場合は、上がり框の段差がないことが前提です。段差が解消できない場合は、土間に段差解消機を設置し床レベルまで上がる方法もあります。

色のコントラストをつけると、段差がはっきりしてよいでしょう。

● 手すり

靴のはきかえをする位置に縦型手すりを設けましょう。形状は円形で、径2.8～3.5cm※の握りやすい太さにします。低めの下駄箱は、手すり代わりに体を支えることができます。手すりの高さ、向きは、使う人の身体状況に合わせて調整します。

● 収納

杖や車いすなど、外出時に必要な補助具を収納しておく場所を考えましょう。

● 照明

影が生じないように、できるだけ上がり框の真上に全体照明がくるようにしましょう。

玄関扉の鍵穴を照らす照明を。上がり框の足元灯、人感スイッチも検討しましょう。

■ 玄関ポーチと土間の段差処理

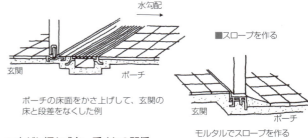

ポーチの床面をかさ上げして、玄関の床と段差をなくした例

モルタルでスロープを作る

■ 上がり框と式台、手すりの関係

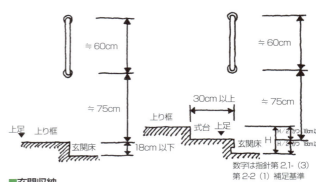

数字は指針第2.1-(3)
第2-2(1)補足基準

■ 玄関収納

低め（ホールから約75cm）の下駄箱は上がり下がりの時に手を付いて体を支えることができます。
（長寿社会では75cm）

■ ベンチ

上がり框に接して高さ40cmくらいのベンチを設けると、靴のはきかえが楽に行えます。折り畳み式、壁埋め込み式のものもあります。

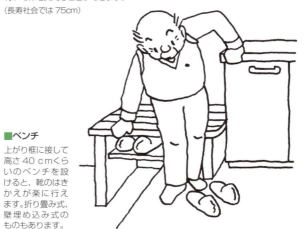

参考図書：東京都「加齢対応型住宅設計・施工の手引き」※印刷分
参考図書：建設省「長寿社会対応住宅設計指針」

II 行為と空間デザイン

移動ゾーン／玄関ほか

玄関への配慮

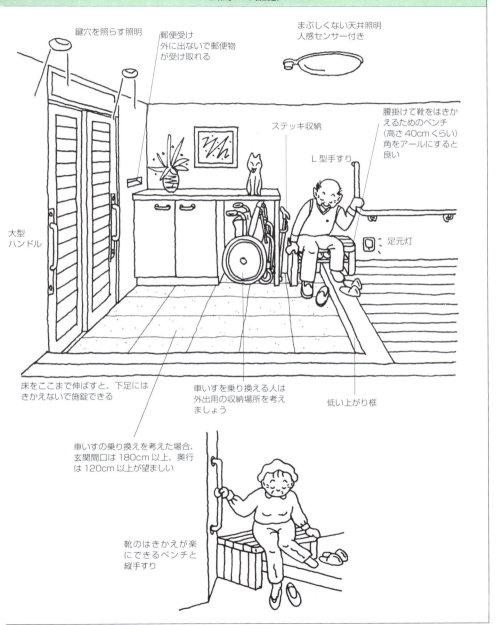

II 行為と空間デザイン

移動ゾーン／廊下

現在元気なお年寄りでも将来を考えて、手すりを設置したり車いすで移動できる用意をしておきましょう。新築ならメーターモジュールを採用するとよいでしょう。曲がり廊下は避けるほうがよいでしょう。やむをえない場合は右図を参考にして下さい。この考え方は廊下の側面に設ける開口部にも応用できます。

● **有効幅**

85 cm以上が望ましいでしょう。（手すりを設置しても78 cm以上確保しましょう。）
コーナー部は隅切りするかアール処理するのもよいでしょう。
車いすの場合、フットレストが壁に当たらないよう、広巾木やキックガードの設置を検討します。

● **床仕上材**

基本的には居室と同じ仕上げで見切りなしに続くことがよいでしょう。歩行者と車いす使用者では最適素材が異なるので、優先すべき特徴をよく検討します。

● **手すり**

手すりは切れ目なく続けましょう。取り付け高さは利用者の大腿骨付け根の高さが適当です。症状により最適高さが変わってくるため、下地は広め（60〜90cm位まで）に入れましょう。

● **照明**

他の部屋との明るさの差が大きくならないように明るめに。
コーナー部、段差部、トイレ入口等には足元灯を用意しましょう。
何ヵ所かで点灯できるよう3路、4路スイッチや人感スイッチを使用しましょう。
昼間は自然光も入るように、採光についても検討しましょう。

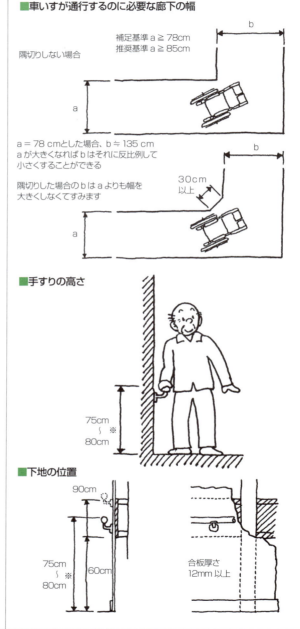

■車いすが通行するのに必要な廊下の幅

隅切りしない場合
補足基準 a ≧ 78cm
推奨基準 a ≧ 85cm

a = 78cmとした場合、b ≒ 135cm
aが大きくなればbはそれに反比例して小さくすることができる

隅切りした場合のbはaよりも幅を大きくしなくてすみます
30cm以上

■手すりの高さ
75cm〜80cm ※

■下地の位置
90cm
75cm〜80cm ※
60cm
合板厚さ 12mm以上

参考図書：東京都「加齢対応型住宅設計・施工の手引き」※印刷分
参考図書：建設省「長寿社会対応住宅設計指針」

❷ 行為と空間デザイン

移動ゾーン／廊下

廊下への配慮

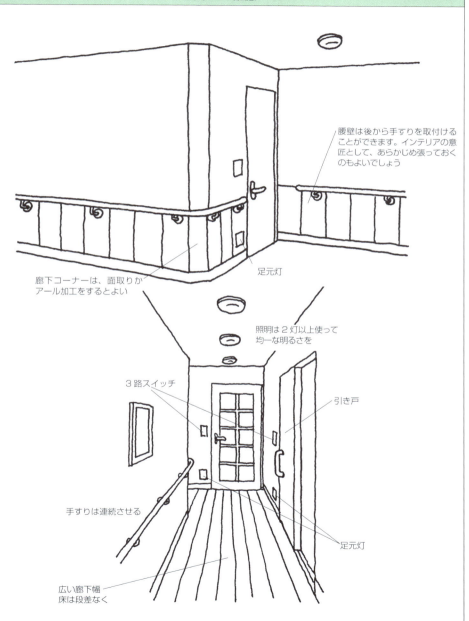

腰壁は後から手すりを取付けることができます。インテリアの意匠として、あらかじめ張っておくのもよいでしょう

足元灯

廊下コーナーは、面取りかアール加工をするとよい

照明は2灯以上使って均一な明るさを

3路スイッチ

引き戸

手すりは連続させる

足元灯

広い廊下幅
床は段差なく

II 行為と空間デザイン

移動ゾーン／階段

●階段の形状
直線階段を避け、できるだけ踊り場付き折れ階段にします。やむを得ず回り階段にする場合は、右図のように同じ歩幅で上れるようにするか、踊り場の上、又は階段の下の方に回り部分を設けるようにします。45度均等割りは避けます。蹴込み板は必ずつけて下さい。

●寸法
将来階段昇降機を取付ける可能性も考慮に入れて、有効幅が80cm以上が望ましいでしょう。

●段鼻
踏面から突き出ないようにします。ノンスリップ材をつけるか、溝加工のある段板を選びましょう。色を変えると段差が見分けやすくより安全です。ノンスリップはできるだけ踏面と同一面にしますが、やむを得ない場合は0.5以下に細めます。

●手すり
できるだけ両側に設置しましょう。片側の場合は、下る時により力のある腕が触れる側に付けます。切れ目なく付けましょう。手すりの端部は洋服のそでが引っかからないように右図のように処理しましょう。

●照明
影をつくらないように2方向以上から照らしましょう。
足元灯をつけましょう。
人感センサー付き照明にするか3路スイッチを設けましょう。

■回り階段にした場合の望ましい形

60度、30度、30度、60度となる場合

踊り場から上3段以内に納まる場合

■段鼻の処理

この部分は足先がひっからないように処理する
0.5cm以下
2cm以下

■手すりの形状

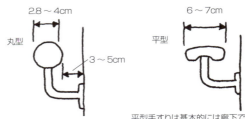
丸型　2.8～4cm　3～5cm
平型　6～7cm
平型手すりは基本的には廊下での使用。肘を置いて体をもたれかけて使用するので、丸型とは取付け高さが異なることに注意

■手すりの先端処理

壁側か下方に曲げる

■足元灯の位置

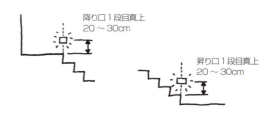
降り口1段目真上　20～30cm
昇り口1段目真上　20～30cm

※ 平成9年度東京都「加齢対応型住宅設計・施工の手引き」を参考
※ 印以外の数値　平成7年建設省「長寿社会対応住宅設計指針」を参考

❷ 行為と空間デザイン

移動ゾーン／階段

階段への配慮

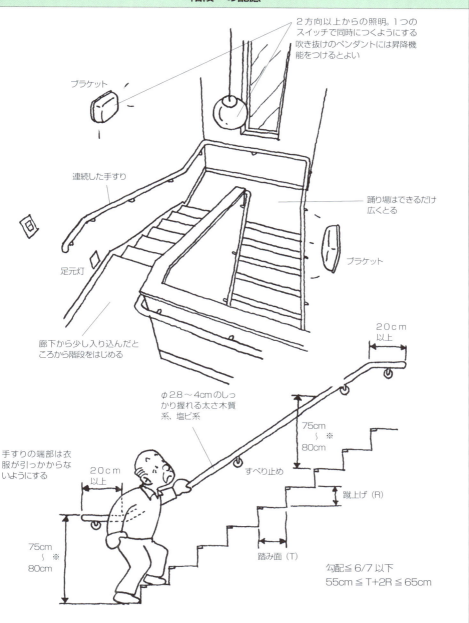

移動ゾーン／移動補助

加齢や病気で体力の衰えた人が移動するには、さまざまな補助具を必要とします。
身体の状態に合わせて本人が移動しやすいものを選びましょう。

●段差解消機

車いすで越えることができない段差や、スロープがとれないところに高低差がある場合、段差解消機によって室内外の出入りを補助します。
高低差が大きい場合は手すりを接置しましょう。据置式、埋込み式があります。立位のまま使用する小型のものもあります。

●階段昇降機

設置には一定以上の階段幅が必要です（メーカーにより数値が異なります）。
直線型　有効幅 75 cm 以上
曲線型　有効幅 80 cm 以上
昇り口に機械装置のための 40 〜 70 cm 以上のスペースが必要です（レールが折りたためるものは 10 cm 位）。

●ホームエレベーター

確認申請と竣工検査が必要です。年 1 回の法定定期検査が義務づけられていますから、専門業者との保守契約等のメンテナンスコストも必ず考えてください。

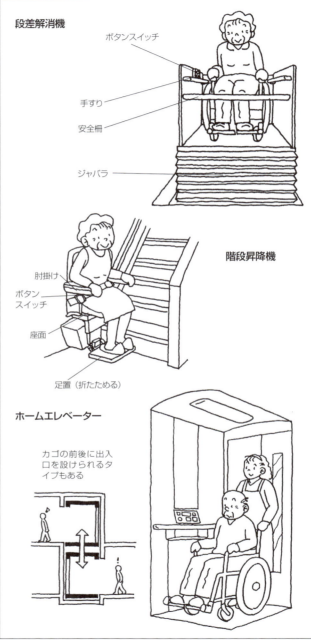

段差解消機
- ボタンスイッチ
- 手すり
- 安全柵
- ジャバラ

階段昇降機
- 肘掛け
- ボタンスイッチ
- 座面
- 足置（折たためる）

ホームエレベーター
カゴの前後に出入口を設けられるタイプもある

参考図書：東京都「加齢対応型住宅設計・施工の手引き」※印刷分
参考図書：建設省「長寿社会対応住宅設計指針」

Ⅱ 行為と空間デザイン

移動ゾーン／移動補助

補助具の選択

■体に合った車いすの選び方

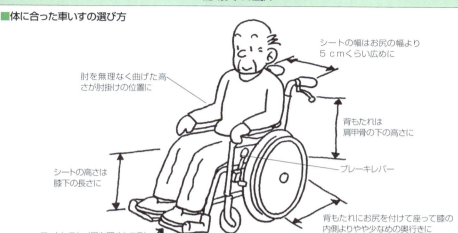

- 肘を無理なく曲げた高さが肘掛けの位置に
- シートの幅はお尻の幅より5cmくらい広めに
- 背もたれは肩甲骨の下の高さに
- ブレーキレバー
- シートの高さは膝下の長さに
- フットレスト（足を置くところ）
- 背もたれにお尻を付けて座って膝の内側よりやや少なめの奥行きに

■身体症状に合わせた杖の選び方

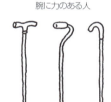

腕に力のある人
T型杖　オフセット形杖　ステッキ

握力や腕の力の弱い人
ここに腕を通す
ロフストランドクラッチ

歩行がかなり不安定な人
三脚杖　四脚杖

■天井走行型リフト

居室から浴室へなど長い距離の移動に使うと、介助の手を楽にできます。開口部や梁をくぐりぬけるタイプの製品もあります。

■適正な杖の長さ

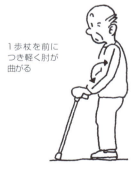

1歩杖を前につき軽く肘が曲がる

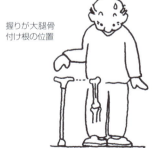

握りが大腿骨付け根の位置

5cm

必ず靴を履いて採寸、腰の曲がった人は曲がった状態で採寸

99

バリアフリー関連の特選ホームページ ②

厚生労働省
介護事業所・生活関連情報検索
http://www.kaigokensaku.jp/

全国約19万カ所の「介護サービス事業所」の情報の検索・閲覧ができます。ケア・マネジャー、ヘルパーなど介護専門職の方や家族を介護している方に役立つ情報が充実。介護保険対象の福祉用具貸与・販売など、利用に関してわかりやすく解説しています。

(参考：厚生労働省 HP)

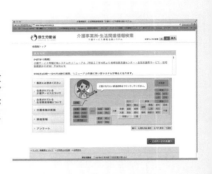

全国バリアフリーマップのピクニック
http://care.toshiba.co.jp/care/index_j.htm

ピクニックは障がい者・高齢者をはじめ、そのご家族や友人、福祉に関心のある人たちに外出時や旅行の際に役立つ様々な施設のバリアフリー情報をはじめ、生活に役立つ情報を紹介する情報サイトです。ピクニックはインターネットを通じて、それらの情報を分かりやすく伝え、少しでも多くの障がいを持たれた方や高齢者が、より豊かな生活を送れるように寄与していきたいと考えています。

東京ガスリモデリング
www.tgrm.jp/

東京ガスリモデリング（2004年3月1日：東京ガスハウジングから社名変更）は東京ガス株式会社が100%出資するリフォーム専門会社です。マンション、戸建てのバリアフリー対応のリフォーム事例を豊富に掲載しています。また、お住まいのお役立ち情報やこだわり情報、Q&A コーナーも参考になります。

3

住宅改修とデザイン

住居を バリアフリーに 改修する

―予算別・場所別のバリアフリー
改修工事の見積―

● **手すり工事**
実例 20 ケース

● **浴室工事**
実例 33 ケース

● **トイレ工事**
実例 24 ケース

● **居室工事**
実例 18 ケース

● **階段工事**
実例 9 ケース

● **玄関工事**
実例 13 ケース

● **外構工事**
実例 18 ケース

手すり工事① （玄関・廊下・居室）

- 概算費用　¥111,000（税込）
- 介護保険　▲¥99,900
- 自己負担　¥11,100

トイレや玄関までの長い距離を移動する。

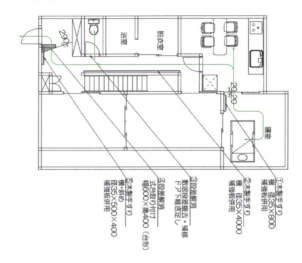

■身体状況
　骨髄異形成症候群による貧血、外耳細菌性髄膜炎のため入院、約1か月の間の安静臥床が続いたため下肢筋力の低下が著明に起こっている。
要介護度：要介護2　性別：男性　年齢：79歳

■日常生活動作（ADL）
　床からの立ち上がりはできない。椅子からの立ち上がりは家具や杖につかまり、立ち上がった後はふらつきが起こりやすく、体勢を整える必要があるためすぐに歩き出すことはできない。歩行はゆっくりで、杖をつきもう片方の手で壁を頼るが、距離が長くなると肩から上半身を壁にもたれるような姿勢で移動する。
　入浴は浴槽からの立ち上がりが容易でないことや介助量が多いことから、デイサービスの利用を検討している。
　トイレ内は既存の手すりを有効に利用し、排泄は自立している。
　妻との二人暮らしであるが、娘さんがほぼ毎日様子を見に来ている。通院などは付き添いをする。

■住宅改修
【廊下・寝室】トイレや玄関までの距離が長くふらつきや転倒の危険がある。手すりを取り付けしっかりとつかまって移動できるようにする。
【玄関】手すりの取り付けと踏み台の設置（段差解消）により、軽介助または見守りにて安全に昇降できるようにする。これによりふらつきや転倒を予防でき、介助者の負担軽減に効果が大きい。
【トイレ】入り口に5cmの跨ぎ段差があり、建具の枠に手を引っ掛けるようにして跨いでいる。段差解消により、通過を容易にして躓きや転倒を予防する。

■改修後
　手すりにつかまって移動できるようになったことで、歩行動作が安定し転倒の不安がなくなった。歩幅も大きくなり夜間の移動も楽になった。トイレ入り口の段差解消も夜間の安全な移動に効果が大きい。

手すり工事② （玄関・廊下・トイレ・居室）

- 概算費用　￥200,000（税込）
- 介護保険　▲￥180,000
- 自己負担　￥20,000

開き戸を引き戸に変更して開閉を容易にする。

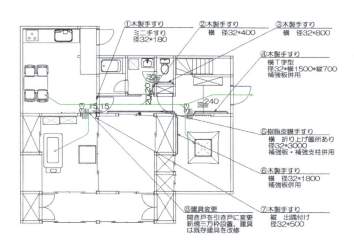

①木製手すり　ミニ手すり　径32*180
②木製手すり　横 径32*400
③木製手すり　横 径32*800
④木製手すり　横T字型　径32*横1500*縦700　補強板併用
⑤樹脂皮膜手すり　横 折り上げ箇所あり　径32*3000　補強板・補強支柱併用
⑥木製手すり　横 径32*1800　補強板併用
⑦木製手すり　縦 出隅付け　径32*500
⑧建具変更　開き戸を引き戸に変更　新規三方枠設置、建具は既存建具を改修

■身体状況
　変形性膝関節炎。左視力低下（白内障術後・緑内障）。両手指先の感覚が鈍く力が入りにくい（原因不明）。
　要介護度：要介護1　性別：女性　年齢：94歳

■日常生活動作（ADL）
　床座の生活で、布団や床から立ち上がるときには四つ這いになってから両手で身体を持ち上げるようにする。立位から床に座るときにはコタツ板などにつかまり四つ這いになってから両手を床について腰を下ろす。
　移動は周囲の壁や家具、建具など、常時何かにつかまり、腰を曲げたまま移動する。手に物を持ったまま移動することができない。
　デイサービス（3回／週）にて入浴し介助を受けている。

■住宅改修
【玄関】　上がり框段差が24cmあり、一度床に腰掛けて足を下ろし家族の介助で立ち上がっている。手すりを取り付け立ち座りを補助し、ふらつきや転倒を予防、介護者の負担を軽減する。
【廊下・台所・寝室・脱衣室】　手すりを取り付け歩行移動を安全にできるようにする。廊下から和室への出入りの際には手すりを跳ね上げて通過できるようにするが本人はその操作は行わない。
【台所】　台所から寝室への開き戸を引き戸に変更し開閉動作を容易にできるようにする。
【トイレ】　入り口に約3cmの段差があるため、手すりを取り付け段差を越え、歩行移動、立ち座りを補助し、ふらつきや転倒を予防する。

■改修後
　手すりにつかまることで歩行動作が速くなり、手を遠くに伸ばすことなく姿勢も安定した。居間に来て家族と過ごす時間も増え、動くことが多くなってきた。

手すり工事③ （外溝・玄関・廊下・トイレ・居室）

- 概算費用　￥224,000（税込）
- 介護保険　▲￥180,000
- 自己負担　￥44,000

寝室～トイレ～玄関まで安全に移動できる。

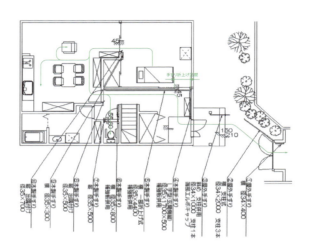

身体状況
頚椎症性脊髄症・骨粗しょう症。膝関節・右足関節が曲がりにくい、手足の痺れ感、右握力低下。左眼外傷性白内障のため失明。右眼緑内障のため視野狭窄、視力低下。
要介護度：要介護1　性別：男性　年齢：85歳

日常生活動作（ADL）
立ち上がれなくなるため床には座らない。日中は椅子に腰掛けてテレビを見て過ごすことが多い。
　椅子やベッドからはやや勢いをつけて立ち上がるが、一度で立ち上がれずベッドからはずり落ちてしまったことがある。
　移動はバランスを保つように必ず両手で家具や壁を頼りながら歩く。特に身体の向きを変える動作や止まるときに姿勢が大きく後傾する。
　視力障害のために距離感がつかみにくく、遠くに手を伸ばすようにして周囲を探りながら移動する。
　デイサービス（2回／週）にて入浴し介助を受けている。

住宅改修
【玄関】（外）門扉からポーチまでと玄関の階段昇降を補助する手すりを取り付けて、ふらつきや転倒を予防する。
【廊下】手すりの取り付けにより、寝室～トイレ～玄関まで手すりを離すことなく安全に移動できるようになる。
　玄関付近の縦手すりの部分は、上がり框の昇降や施錠の際の体幹バランス保持に、トイレ入り口の手すりはドア開閉時の体幹バランス保持、段差の通過の際にも有効に利用できる。
【寝室】入り口には4.5cmの敷居段差があるため段差昇降、歩行移動を補助する手すりを取り付け、ふらつきや転倒を予防する。

改修後
玄関までの移動が大変であったが、手すりにつかまることで安全に移動できるようになって改善している。

手すり工事④ （外溝・廊下・居室）

	（1回目）	（2回目）
▌概算費用	￥57,400（税込）	￥57,400（税込）
▌介護保険	▲￥51,600	▲￥51,600
▌自己負担	￥5,740	￥5,740

手すりを付け、ふらつきや転倒を予防する。

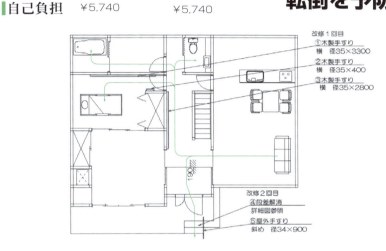

改修1回目
① 木製手すり　横 径35×3300
② 木製手すり　横 径35×400
③ 木製手すり　横 径35×2800

改修2回目
④ 段差解消 詳細図参照
⑤ 屋外手すり 斜め 径34×900

▌身体状況
膝関節症（右膝の痛みが強い）。冷えると痛み増強し水が溜まることもある。僧房弁閉鎖不全症。
要介護度：要介護2　性別：女性　年齢：79歳

▌日常生活動作（ADL）
日中は居間のソファーに腰掛け過ごす時間が長い。立ち上がれなくなるので床座にはならない。立ち上がった直後は立位姿勢が安定せず歩き始めにふらつきが起こる。立位でも腰が伸びない。
歩行は周囲の壁や家具に頼ろうと手を伸ばし前傾姿勢になりふらつきが起こる。膝関節や肩関節の痛みが強くなり、居間の椅子に腰掛けて過ごすことが多くなっている。脱衣室・浴室には手すりがあり、有効に利用できている。

▌住宅改修
【廊下】 壁を頼りに歩行するも転倒の危険がある。手すりを取り付けふらつきや転倒を予防する。
【寝室】 ベッドから立ち上がり狭い場所でドアを手前に引き体を後退させるためにふらつきが起こり転倒の危険がある。
歩行移動とドア開閉時の体幹バランスを保持する手すりを取り付け、ふらつきや転倒を予防する。
【玄関】（外） 庭に降りる際に階段（2段）がありつかまるところがない。
段差を3段にして1段の段差を小さくすること、また手すりを取り付けてつかまることで、昇降動作を容易にし、膝関節への負担軽減を図り、ふらつきや転倒を予防する。

▌改修後
改修1回目
　杖と手すりにつかまることで、居間から寝室まで移動する回数が増えたり、屋内で歩く訓練をするようになったりして、体を動かす機会が多くなった。
改修2回目
　屋外の階段を手すりにつかまって降りて、シルバーカーで畑に行けるようになった。また、近所の友人宅まで行くこともできるようになって、行動範囲が広がり気分転換の機会が増えた。

手すり工事⑤ (トイレ)

- 概算費用　¥53,000（税込）
- 介護保険　▲¥44,700
- 自己負担　¥5,300

手すりを付けてトイレ動作をスムーズに。

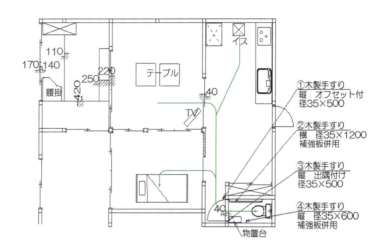

① 木製手すり
縦 オフセット付
径35×500

② 木製手すり
横 径35×1200
補強板併用

③ 木製手すり
縦 出隅付け
径35×500

④ 木製手すり
縦 径35×600
補強板併用

身体状況
パーキンソン病。肺動脈疾患。下肢に浮腫あり利尿剤を服用中、午前中は特に頻尿（10分おき）。
要介護度：要介護1　性別：女性　年齢：58歳

日常生活動作（ADL）
椅子に座る、またはベッドに横になって過ごしていることが多い。
歩き始めは足が思うように動かない。右手指の動きがややゆっくりで握力の低下がある（右利きで左手の握力の変化なし）。
トイレまでは広い通路を移動するがふらつきは見られない。トイレ前で通路が狭くなり、支持するものがなくドアを大きく開けることができない。手すりにつかまることで立位のバランスをとり、ドアを大きく開けることができた。
トイレへの入室は体の向きを変える必要がある。トイレ内では便座前までは直進で壁を頼りに移動できるが、着座のために体を回そうとすると再び動きが止まる。左手での手すりのつかみ替えは容易にでき、つかまりながらの体の回転もできた。
便座からの立ち座りは右手（握力低下あり）は横手すりで体を押し上げ、左手は縦手すりにつかまり体を引き上げることで容易にできた。

住宅改修
【廊下】ドア開閉時の体幹バランス保持を目的に手すりを取り付け、ふらつきや転倒を予防する。
【トイレ】入り口段差（4cm）の昇降、歩行移動、体の向きを変える動作および立ち座りを補助する手すりを取り付け、ふらつきや転倒を予防して自立した安全な排泄ができるようにする。本人の不安軽減や介助者の負担軽減にも大きく効果があると思われる。

改修後
シミュレーションにより確認した場所に手すりを取り付け、トイレのドア開閉から移動、立ち座りにおいて、動作が滞ることなくできるようになった。また時間の短縮が図れたことで、特に夜間のトイレが楽になっている。

手すり工事⑥ （外溝・浴室・トイレ）

- 概算費用　¥191,000（税込）
- 介護保険　▲¥171,000
- 自己負担　¥19,100

手すりを付け、ふらつきを防止する。

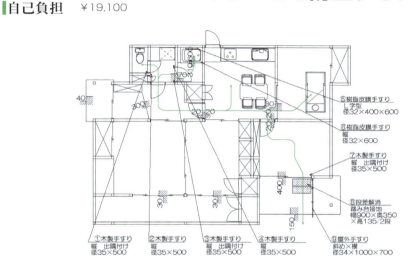

■身体状況
　脳梗塞、半年前に発症し右麻痺で現在入院中、住環境整い次第退院。肩の痛みがある。
要介護度：要介護3　性別：男性　年齢：75歳

■日常生活動作（ADL）
　リハビリ室では、基本的には杖を利用しての歩行、屋内など常につかまるところがある環境では杖不要。敷居程度の段差は見守り、階段は手すりの利用で昇降とも可能。麻痺側の手すりの利用も昇降可能。椅子からの立ち上がりは、上肢での支持があれば可能。床からは、軽介助必要。
　居間では、椅子からの立ち上がりは座面に手をついて腰を持ち上げるが、介助者に支えられることもある。屋内の歩行はときどき建具などにつかまる程度。つかまるところがない場所ではふらつきが起こる。妻と二人暮らし。

■住宅改修
【トイレ】　歩行補助およびドア開閉時の体幹バランスの保持、歩行補助および便座からの立ち座りを補助する手すりを取り付け、ふらつきや転倒を予防し安全な自立した排泄動作を可能にする。
【脱衣室・浴室】　更衣の椅子からの立ち座りを補助する手すり、浴室段差昇降を補助する手すり、シャワー椅子からの立ち座りを補助する手すり、浴槽出入りや浴槽内での立ち座りを補助する手すりを取り付け、介助による入浴動作を安全にできるようにする。介護負担も大きく軽減できる。
【洋間・外構】　日常的な出入りは今まで通り庭に近い洋間から行う予定。段差が（洋間側40cm・テラス側15cm）あり現在昇降は不可能。手すりと踏み台（洋間側2段・高さ13.5cm）を取り付け安全に昇降できるようにする。

■改修後
　退院後の生活はほぼ自立し、介護者が不在の際にも屋内の移動が安全にできている。入浴は洗身（背中等）のみ介助を受け、移動や浴槽の跨ぎは自立できている。屋外への出入りは洋間から安全に一人でできるようになった。

手すり工事⑦ （廊下・階段・浴室・トイレ）

- 概算費用　¥212,000（税込）
- 介護保険　▲¥180,000
- 自己負担　¥32,000

手すりを付けて、介助者の負担を軽減する。

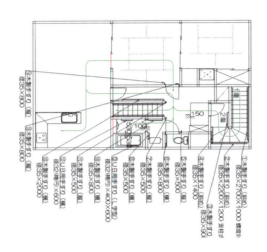

身体状況
脳出血のため入院中。左半側に弱い麻痺、両大腿部の痛み、左下肢、両上肢のしびれ感、右眼球が外側に動いてしまうため左目だけで見る。
要介護度：要介護2　性別：女性　年齢：72歳

日常生活動作（ADL）
病室からリハビリ室までは車いす（介助）で移動。車いすからは肘掛けにつかまり立ち上がり杖を支えに立位を保つが、ふらつきを伴い歩き出すまでにしばらく間をおく。訓練台（高さ40cm）から立ち上がった後ふらつきが起こり特に右側に倒れやすい。立位での左右の体重移動は、右側に傾けることは容易だがふらつきが起こり、左側へはやや弱い。
座位での左右の体重移動は安定している。
歩行は右手で杖をつき左側で支えられながら移動する。歩行中右側に力が入って左側に体重をのせることができなくなり、足の運びが悪くなる。

住宅改修
【階段】　降りる際に比較的力の入りやすい右手で手すりにつかまれるよう既存手すりの反対側へ、さらに階段上階部へ手すりを取り付けて、ふらつきや転倒、転落を予防し介護者への負担も軽減する。
【廊下】　移動は杖を利用し壁や建具を頼りに歩いている。廊下に手すりを取り付け安全な移動動作を補助し、ふらつきや転倒を予防する。
【トイレ】　手すりを取り付け移動や立ち座りを補助しふらつきや転倒を予防する。
【脱衣室・浴室】　移動・立ち座り・浴槽の跨ぎを補助する手すりを取り付け、ふらつきや転倒を予防し介助者の負担軽減をも軽減する。浴槽の跨ぎには浴槽手すりも導入予定。

改修後
要所への手すりの取り付けにより、屋内の移動は見守りのみで可能。入浴も見守りが必要ではあるが動作は自立している。床からの立ち座りが安全にできるように居間に手すりを追加した。

手すり工事⑧ (外溝・玄関・廊下・トイレ)

■概算費用　￥168,000（税込）
■介護保険　▲￥151,200
■自己負担　￥16,800

手すりを付け夜間も安全に移動する。

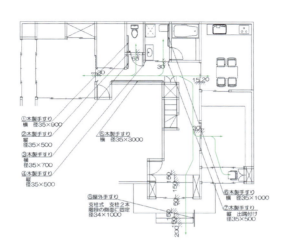

①木製手すり　横　径35×900
②木製手すり　縦　径35×500
③木製手すり　横　径35×700
④木製手すり　縦　径35×500
⑤木製手すり　横　径35×3000
⑥木製手すり　横　径35×1000
⑦木製手すり　縦　出隅付け　径35×500
⑧屋外手すり　支柱式　支柱2本　電柱の側面に固定　径34×1000

■身体状況
てんかんのため入退院4回、現在も内服治療中。入院治療後の下肢筋力低下。バルーンカテーテル留置。

要介護度：要介護2　性別：男性　年齢：91歳

■日常生活動作（ADL）
日中のほとんどを居間の椅子（高さ15cm程度）に腰掛け過ごす。

屋内の移動は腰に手を回し、ややすり足で歩行。敷居段差の昇降や身体の向きを変える動作の際には、壁や建具を頼りにしている。

トイレが頻回（2時間おき）で夜間もトイレに起きることが多い。

玄関から屋外は杖をついて移動し、杖を支えに立位を保つ。玄関上がり框の昇降は下駄箱につかまっている。

■住宅改修
【玄関】（外）　ポーチまでの段差が3段あり杖をついて昇降する。特に降りる動作は下段に杖を置くのと足を下ろすタイミングが悪く不安定で転倒の危険が大きい。

手すりを取り付け昇降動作を補助し、ふらつきや転倒を予防する。

【廊下】　夜間トイレや洗面所までの移動を安全にできるようその範囲に移動や段差昇降を補助する手すりを取り付け、ふらつきや転倒を予防する。

【トイレ】　入り口段差が6.5cmある。

移動、立ち座り、ドアの開閉動作を補助する手すりを取り付け、ふらつきや転倒を予防し、排泄動作を安全にできるようにする。

【脱衣室】　壁を頼りタオル掛けにつかまっていたが、力を入れるためにタオル掛けは外れてしまった。移動を補助する手すりを取り付ける。

■改修後
手すりの取り付けにより歩行動作が安定し、夜間も安全に移動しトイレに行けるようになった。屋外への出入りは家族不在時も安心してできるようになった。

手すり工事⑨ （玄関・廊下・階段・居室）

失明状態でも安全に移動する。

	（1回目）	（2回目）
■概算費用	¥121,000（税込）	¥94,000（税込）
■介護保険	▲¥108,900	▲¥71,100
■自己負担	¥12,100	¥22,900

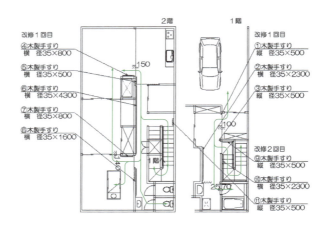

改修1回目
④木製手すり 横 径35×800
⑤木製手すり 横 径35×500
⑥木製手すり 横 径35×4300
⑦木製手すり 横 径35×800
⑧木製手すり 横 径35×1600

①木製手すり 横 径35×500
②木製手すり 横 径35×2300
③木製手すり 縦 径35×500

改修2回目
⑨木製手すり 横 径35×500
⑩木製手すり 横 径35×2300
⑪木製手すり 縦 径35×500

■身体状況

網膜色素変性症のため失明。下肢の筋力低下、右足に力を入れると足底、ふくらはぎに痛みや違和感がある。

要介護度：要介護2　性別：男性　年齢：74歳

■日常生活動作（ADL）

床座が中心の生活。立ち座りは床に手をついたり周囲の家具や建具を頼っている。居間では立ち上がらずに四つ這いで移動することもある。

立ち上がりや歩きはじめに足底やふくらはぎに痛みや違和感があるが、歩き出すと解消する。移動の際は壁や家具などを頼り、段差に向かうときには壁を頼りに両手を遠くに延ばし、距離を確認しながらゆっくりと動いている。

トイレ、階段には既存の手すりがあり有効に利用している。

■住宅改修

【玄関】　上がり框段差が10cmあり壁に手をついて昇降、靴の脱ぎ履きをしている。手すりを取り付けしっかりとつかまることで動作を安定させ、ふらつきや転倒を予防する。

【廊下・居間・寝室】　歩行動作が不安定なために転倒の危険がある。手すりを取り付け歩行移動を補助しふらつきや転倒を予防する。

【階段】　踏み面の広い外側を安全に移動できるよう手すりを取り付け、昇降を補助し下肢への負担軽減やふらつきを予防する。また失明状態のために移動時のガイドとしての役割も大きく安全な移動補助に大きな効果あると考えられる。

■改修後

手すりの効果は大きく、手すりの位置についても本人が認識することに時間もかからず利用できていた。

2回目の改修は歩行時に下肢が内側を向き内股で歩くようになったなどの変化と、実際に階段螺旋部で転倒してからの依頼であった。手すりの取り付け後は螺旋部分も含め階段の外側の広い部分を安全に移動できている。

手すり工事⑩ （階段・浴室・トイレ）

- 概算費用　¥176,000（税込）
- 介護保険　▲¥158,900
- 自己負担　¥17,600

（福祉用具購入）
- 手すり付移乗台　¥44,100

手すりの取り付けでトイレ〜浴室までの動作がスムーズに。

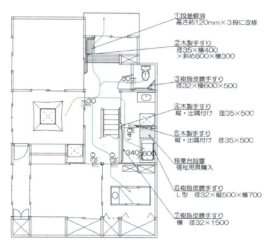

①段差解消
高さ約120mm×3段に改修
②木製手すり
径35×横400
×斜め800×横300
③樹脂皮膜手すり
径32×横600×500
④木製手すり
縦・出隅付け　径35×500
⑤木製手すり
縦・出隅付け　径35×500
移乗台設置
福祉用具購入
⑥樹脂皮膜手すり
L型　径32×縦500×横700
⑦樹脂皮膜手すり
横　径32×1500

■身体状況
　腰部脊椎管狭窄症、両臀部、両下肢痛。下肢の筋力低下。体重減少（原因不明）。
要介護度：要介護2　性別：女性　年齢：88歳

■日常生活動作（ADL）
　ベッド⇔車いす⇔椅子の移乗は介護者が体を支えている。椅子座からは介護者の見守りの下、肘掛を支えに杖を使って立ち上がる。
　日中は介護の下トイレを利用し、夜間の排尿は尿器を利用する。

■住宅改修
【玄関】　全体の段差35cmを均等な段差で昇降できるよう段差解消（踏み台の設置を含む3段）を行い、手すりを取り付ける。
【トイレ】　移動と立ち座りを補助する手すりを取り付けふらつきや転倒を予防。立ち座りについては現在の動作が立ち易く慣れていることから、より安全にできるよう棚の形状に沿って手すりを取り付ける。
【脱衣室】　浴室入り口に段差が14cmある。両手でしっかりとつかまることのできる手すりを取り付け安全な昇降動作を補助する。
【浴室】　浴槽の端に移乗台（手すり付き・高さは浴槽の縁と同じ34cm、福祉用具購入）を設置し、介護者の見守りまたは介助で着座する。窓側にL型の手すりを取り付け、ここにつかまりながら浴槽を跨ぐ。浴槽内には以前より使っている浴槽台を置き、手すりにつかまりながら浴槽内の段差を昇降する。立ち上がり動作が容易でないため浴槽内いすに腰掛け、底には座らず手すりにつかまって立ち上がる。また浴室内の移動を補助する手すりを取り付け、ふらつきや転倒を予防する。

■改修後
　手すりの取り付けにより玄関の昇降やトイレでの排泄が容易に安全にできるようになった。
　入浴については浴槽の跨ぎを座ってできるようにしたことで動作が安定し、家族の介助による入浴が再び可能になった。

手すり工事⑪ （トイレ）

- 概算費用　￥209,000（税込）
- 介護保険　▲￥180,000
- 自己負担　￥29,000

ドアを折れ戸に改修し開閉をスムーズに。

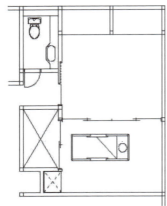

改修前

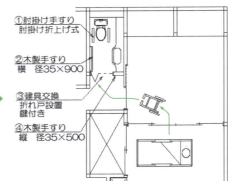

改修後

①肘掛け手すり　肘掛け折上げ式
②木製手すり　横　径35×900
③建具交換　折れ戸設置　鍵付き
④木製手すり　縦　径35×500

身体状況
　左大腿骨転子部骨折、リハビリ目的で入院中。下肢筋力低下、左足首や肩の痛み。
　変形性膝関節症、歩行、立ち座りにより痛み増強。
要介護度：要介護2　性別：女性　年齢：93歳

日常生活動作（ADL）
　車いす⇔ベッド移乗は柵につかまって自立している。車いす⇔床座を訓練中。テーブルに手をついて声をかけられながらできるが、膝への負担が大きい様子。
　車いす操作は平面であれば自操できる。
　歩行器での移動訓練中で、5cmの段差までは昇降可能。
　歩行は両手で手すりをつかみ横移動で可能。

住宅改修
【トイレ】　退院後は車いす、または歩行器を適宜膝の痛みや体調に合わせて利用することが想定される。
　入り口はドアが手前に大きく開き、開閉の際に体を後退させる必要があるために、ふらつきが起こり操作が容易ではない。ドアを折れ戸に交換（建具変更）して開閉動作を容易にするとともに、間口を大きくして移動動作を楽に行えるようにする。また歩行器で立位での開閉動作を行う際につかまる手すりを取り付け、開閉の際の体幹バランスを安定させる。
　トイレ内には、移動や体を回転させる際につかまる横手すりと、立ち座りを補助する肘掛式の手すりを取り付ける。これによりふらつきや転倒を予防し、排泄動作が自立することでQOLの維持向上が期待できる。

改修後
　退院後の移動、排泄は自立している。トイレドア（折れ戸）の開閉がうまく理解できないため、家族がドアを引く方向を紙に書いて貼って動作を促した。これにより問題なく開閉できるようになった。

手すり工事⑫ （外溝・玄関・トイレ・浴室）

- 概算費用　¥182,000（税込）
- 介護保険　▲¥163,800
- 自己負担　¥18,200

段差解消で関節への負担も軽減。

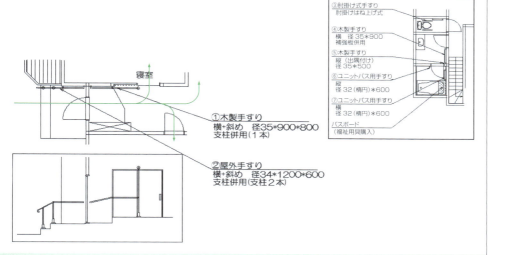

▌身体状況
リュウマチ、手指の痛み、握力の低下、手や足背の浮腫、右肩関節の痛み、右膝関節の変形と痛み。下肢の筋力低下。

要介護度：要介護2　性別：女性　年齢：80歳

▌日常生活動作（ADL）
床座にはならない。椅子やベッドからの立ち座りは、座面を押し体を持ち上げるようにしている。
敷居程度の段差も柱や建具につかまっている。

▌住宅改修
【玄関】（外）　階段（20cm・15cm）があり、上がる時にバランスを崩しやすい。
　手すりを取り付け、つかまることで昇降動作を安定させ、ふらつきや転倒を予防する。
【玄関】（内）　上がり框段差が22cmある。
　手すりを取り付け、ふらつきや転倒を予防する。また手すりを寝室入り口まで延長し、出入りの際の敷居段差通過と、体の向きを変えるときのふらつきを予防する。

【トイレ】　肘かけ式手すりを取り付け立ち座りを行うことで、ふらつきや転倒を予防し、膝関節への負担を軽減させることができる。
【脱衣室】　手すりを取り付け歩行移動を補助し、更衣の際のふらつきも予防できる。
【浴室】　入り口段差が18cmある。浴室側と脱衣室側に手すりを取り付けしっかりとつかまることで安全な昇降を補助する。
　浴槽の跨ぎは、立ち上がりの時につかまるところがなく危険なため手すりを取り付ける。

▌改修後
段差昇降、歩行移動は手すりの取り付けによって安全にできるようになった。
　入浴動作については、福祉用具（入浴用ボード）の導入と手すりの取り付けにより、新しく座位で浴槽をまたぐ動作を取り入れた結果、一人で安心してできるようになった。
　トイレの立ち座りについては、肘掛け手すりを利用するため、膝関節への負担も軽減された。

手すり工事⑬ (トイレ)

▌概算費用	￥967,000（税込）
▌介護保険（本人）	▲￥180,000
▌介護保険（妻）	▲￥180,000
▌自己負担	￥607,000

動線の変更と段差解消で寝室からトイレの移動がスムーズに。

改修前

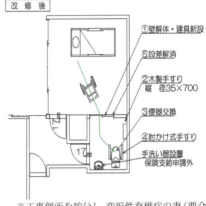

改修後
① 壁解体・建具新設
⑤ 段差解消
② 木製手すり 縦 径35×700
③ 便器交換
④ 肘かけ式手すり
手洗い器設置 保険支給申請外

※工事個所を按分し、変形性脊椎症の妻（要介護2）の介護保険を合わせて利用。

▌**身体状況（夫）**
進行性核上性麻痺
立位時後ろに倒れる著明な症状がある。
要介護3 年齢：（夫）82歳 （妻）78歳

▌**日常生活動作（ADL）**
ベッドからの立ち上がりは、介助者が引き上げるようにしている。立ち上がった後もつかまっていなければ立位の保持ができない。排泄は介助によりポータブルトイレに移動するが、体の向きを変える動作が容易でない。

▌**身体状況（妻）**
変形性脊椎症

▌**日常生活動作（ADL）**
腰痛のため2か月程寝たきりの状態。下肢の浮腫が著明。
腰がまっすぐに伸びず、大腿から膝に痺れ感がある。排泄は時間をかけてトイレまで移動するが、ドアの開閉はバランスを崩しやすく、段差の通過やトイレ内の移動は狭いために杖の取り回しが容易でなく、ふらつきや転倒の危険がある。

▌**住宅改修**
【トイレ】 入り口段差が8cmあり間口も狭く車いすでの利用は困難。寝室側から車いすで移動できる間口を確保し、便座の直近まで車いすで移動、体の回転も最短の距離で移乗できるようにする。
和式トイレを腰掛け便器に交換し手すりを取り付け、安全な排泄動作を可能にする。

▌**改修後**
（夫）寝室から直接トイレへ移動でき段差もなくなったことで、移動が安全に楽にできるようになった。車いすから便座への移乗も車いすを便座の横につけて肘掛けを上げ、手すりにつかまって少しの動作でできるようになった。歩行の際の扉の開閉も引き戸になったことでふらつくことなく安全にできるようになった。
段差の解消で移動動作が楽になったことや、排泄が安全にできるようになったことで、腰や膝への負担が少なくなり、屋内の移動範囲が拡大した。

手すり工事⑭ （廊下・トイレ・浴室）

- 概算費用　￥229,000（税込）
- 介護保険　▲￥180,000
- 自己負担　￥49,000

補助用具で日常の動作も安全でスムーズに。

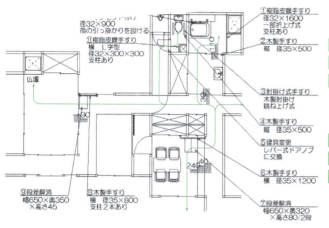

（福祉用具①）
- 入浴補助用具　￥35,000
- 介護保険　▲￥31,500
- 自己負担　￥3,500

（福祉用具②）
- 補高便座　￥120,000
- 介護保険　▲￥90,000
- 自己負担　￥30,000

※福祉用具①と②の購入は、別の年度。

身体状況
　右大腿骨骨折　術後骨の感染があり治療を受けたが、左足が短く体を支えることができなくなった。
要介護度：要介護1　性別：男性　年齢：75歳

日常生活活動作（ADL）
　一歩歩くごとに左股関節や膝に痛みがあり、長時間の座位も臀部に痛みが起こり苦痛である。床に座ることはなく、いすからの立ち上がりは右手や肘をついて体を支えるように行うが、膝関節や足関節の拘縮があり時間がかかる。歩行は左足に高さを補う靴を履いて、杖を両手でつきゆっくりとバランスを取りながら歩く。段差の昇降も同様である。

住宅改修
【トイレ】　杖を持ったままドアの開閉を行うがドアノブ操作の際にバランスを崩しやすい。立ち座りは便座に手をついているが、膝に支える力がなく特に座るときはしりもちをつくような動作で危険である。ドアノブをレバー式にし、杖を持ちながらの開閉動作が安全にできるようにする。肘掛式手すりの取り付けと補高便座の導入によって立ち座りを補助し、また壁に縦手すりを取り付けることにより立位のバランスを補助する。

【浴室】　段差通過、浴槽までの移動の際につかまるところがなく転倒の危険がある。

　入口から洗い場の移動の際につかまれるよう手すりを取り付ける。浴槽の跨ぎは手すりの設置とともに浴槽手すりとシャワーいすを導入し一度腰掛けてから行えるようにすることで転倒やふらつきを予防する。

【廊下・玄関】　踏み台と手すりを取り付け、ふらつくことなく安全に昇降できるようにする。

改修後
　移動、排泄、入浴が安全に一人でできるようになった。手すりに指をかけられるようになっているため、十分に腕の力が発揮できて浴槽内での立ち座り動作を安定させることができた。

手すり工事⑮ （玄関・廊下・トイレ・浴室）

▎概算費用	￥200,000（税込）
▎居宅生活動作補助用具	▲￥200,000
▎自己負担	￥0

※改修費用に補高便座設置費用を含む（介護保険ではないため）

補助用具を用いて安全に入浴できる。

▎特殊寝台・マットレス	￥223,000
▎特殊寝台	▲￥151,000
▎自己負担	￥72,000

※身障2級のため居住地域では特殊マットは対象外

▎移乗台・入浴用いす・浴槽内いす	￥77,000
▎入浴補助用具	▲￥77,000
▎自己負担	￥0

▎ロフストランドクラッチ	￥7,000
▎歩行補助杖	▲￥7,000
▎自己負担	￥0

①木製手すり　木製 横　径35×700　補高便座　補高50mm　ウォシュレット付
②木製手すり　木製 横　径35×1700
③木製手すり　木製 横　径35×800
④樹脂被膜手すり　横 径32×400
⑤木製手すり　木製 斜め+横　径35×800×800　移乗台
⑥樹脂被膜手すり　L字型　径32×600×600
⑦段差解消　踏み台の設置

▎身体状況
転倒による頸椎損傷で入院中。近日中に退院予定。
身体障害者手帳2級　性別：男性　年齢：63歳

▎日常生活動作（ADL）
病院内でのADLはほぼ自立で、歩行はロフストランドクラッチを利用する。但し屋外の不整地の歩行は困難で車いすを利用する。また移動、立ち座りなどに一部介助が必要な部分があるが、妻と二人暮らしの生活で妻は病弱であり、本人の身体を持ち上げるような介護はできない。

退院前指導でのADL確認（入浴）
浴槽に隣接させた入浴用いすに座り、片方ずつ脚を持ち上げ浴槽内に入れることにより浴槽を跨ぐ動作では、1人の介助者により脚を持ち上げるなどの軽度の介助があれば、安全にできる。

▎住宅改修
【玄関】　手すりを取り付けることで一人での安全な昇降が可能になり、介護者の負担が大きく軽減できる。
【廊下】　トイレや浴室の移動を杖を使わずに、手すりを取り付け移動を安全にできるようにする。
【トイレ】　便座が低くふらつきが起こり転倒の危険がある。補高便座によるかさ上げ、手すりの取り付けにより安全な自立した排泄ができるようになる。
【浴室】　浴室に手すりはなく、立ったままでの浴槽の跨ぎは危険である。一度腰掛け浴槽を跨ぐ動作をシミュレーションしたところ、移乗台、浴槽が深い（60cm）ことから浴槽内椅子、洗身のための入浴用椅子を利用することで、跨ぎ動作の安定と立ち座りの際につかまれる手すりを取り付け動作を安定させた。

▎改修後
手すりの取り付け、福祉用具（補高便座・入浴用いす・浴槽内いす・移乗台・介護用ベッド）の導入により、自宅での生活もほとんど自立した。

手すり工事⑯ （居室・浴室・トイレ）

▌概算費用　　　　　　　¥1,708,000（税込）
▌居宅生活動作補助用具　▲¥200,000
▌入浴担架（リフト吊り具）　¥82,400

入浴用リフトを取り付け負担を軽減する。

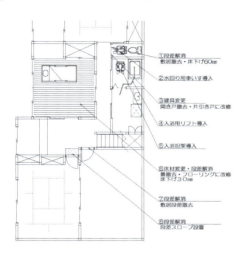

①段差解消
敷居撤去・床下げ60㎜

②水回り用車いす導入

③建具変更
開き戸撤去・片引き戸に改修

④入浴用リフト導入

⑤入浴担架導入

⑥床材変更・段差解消
畳撤去・フローリングに改修
床下げ30㎜

⑦段差解消
敷居段差撤去

⑧段差解消
段差スロープ設置

▌入浴補助用具（水回り車いす）
　　　　　　　　　　　　▲¥90,000
▌入浴補助用具（水回り車いす）
　　　　　　　　　　　　▲¥900,000
▌自己負担　　　　　　　¥435,600

※改修費用にはリフト本体設置費用を含む

▌身体状況
　糖尿病、筋力の低下、著しい体重減少。動作時の呼吸苦があり、頻繁に酸素吸入を行っている。
身体障害者手帳1級　性別：女性　年齢：20歳

▌日常生活動作（ADL）
　トイレへは二人の介護者で便座に座らせる。
　入浴は抱きかかえられてシャワーいすへ座り、洗身の介助を受けている。
　介護用ベッドの背上げ機能は、自ら適切な姿勢に立て直すことができず、呼吸が苦しくなるため、利用していない。介助により端座位になり車いすへ移乗する。

▌住宅改修
【寝室】　和室に3㎝の段差があり、段差の昇降、車いすの操作が容易でない。フローリングに変更し敷居撤去床下げにより、車いすでの移動を容易にする。
【居間】　入り口に3㎝の段差がある。スロープを設置して車いすでの移動を楽にする。

【浴室】　脱衣室から浴室に12㎝の段差があり、介護者に抱きかかえられて浴室内のシャワーいすに座る。浴室にリフトを取り付け安楽キャリーを利用して一人介助での入浴を安全に安楽にする。
【トイレ】　入り口に3㎝の跨ぎ段差がある。床下げ、敷居の撤去により段差を解消し、トイレ用キャリーを利用して安全で負担の少ない排泄をできるようにする。

▌改修後
【移動】　移動範囲に段差がなくなったことで車いすでの移動が容易にできるようになった。
【入浴】　安楽キャリーで入浴用リフトを利用するので、介護者一人で浴槽内に入れることができるようになった。
【トイレ】　トイレキャリーで便座につくまで介助を受けるが、リモコン操作により、プライバシーも確保できる。介護者を呼ぶためのコールも取り付け、安心して排泄をすることができる。

手すり工事⑰ （台所・トイレ）

■概算費用（税込）
■改修費用（公費対象工事）　￥1,395,000
■改修費用（公費対象外）　￥709,000
■居宅生活動作補助用具　▲￥200,000
■住宅改造助成（自治体独自補助）
　　　　　　　　　　　▲￥888,000
■自己負担　　　　　　￥1,016,000

段差を解消し移動が容易になる。

※自己負担額には公費対象外工事の費用を含む

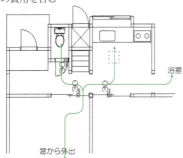

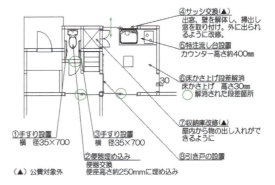

④サッシ交換（▲）
出窓、壁を解体し、掃出し窓を取り付け。外に出られるように改修。
⑤特注流し台設置
カウンター高さ約400mm
⑥床かさ上げ段差解消
床かさ上げ　高さ30mm
○解消された段差箇所
⑦収納庫改修（▲）
屋内から物の出し入れができるように
①手すり設置　横　径35×700
③手すり設置　横　径35×700
②便器埋め込み
便器交換　便座高さ約250mmに埋め込み
⑧引き戸の設置
（▲）公費対象外

■身体状況・日常生活動作（ADL）
要介護度：夫婦ともに身体障害者手帳2級　年齢：（夫）55歳（妻）50歳
　夫は屋内はいざり移動。妻も這って移動することから、床座の生活。手すりや柱につかまって時間をかけて立ち上がることはできるが容易でなく、立位から床に座る動作はより大変である。
　トイレは洋式で、壁に手すりが付いているが有効に使えてはいない。
　台所は流し、調理台、調理器とも高さがあるために現在は使うことができず、居間に簡易な電磁調理器で温めなどをする程度である。
　入浴は浴槽を跨ぐことが容易でないことから、シャワーで済ませている。
　屋内への出入りについては、玄関は階段があり使えない。出入り口の直近まで車いすを寄せることができるので乗り降りすることができる。
　屋外は車いすを利用し、操作、移乗共に自立している。夫が車を運転して外出する。

■住宅改修
【トイレ】　入り口の3cmの段差をいざって越え、手すりにつかまり立ち上がるが、身体を持ち上げるのが容易でない。入り口の段差解消、便器を埋め込み手すりを取り付けることで、移動、移乗を容易に安全にできるようにする。
【台所】　床に座って調理ができるように低い流し台などを設置し、正座の姿勢で安全に調理をできるようにする。入り口のドアは開き戸にして開閉動作を容易にする。スイッチ類は座って届く位置に設置、換気扇もリモコンで操作できるようにする。

■改修後
　屋内はほとんど段差がなくなり、いざりでの移動が容易になった。トイレでは手すりにつかまり便座への移乗ができて、降りる際の動作もスムーズに膝などへの衝撃もなくできるようになった。
　照明や換気扇のスイッチ位置もいざり移動を考慮して変更したため、使いやすくなった。

手すり工事⑱ （居室・浴室・トイレ）

▎**概算費用** ￥1,705,000（税込）
▎**リフト吊り具**（2枚） ￥100,800
▎**居宅生活動作補助用具** ▲￥198,500
▎**入浴担架**（リフト吊り具）
　　　　　　　　　　　▲￥82,400
▎**住宅改造助成**（宇都宮市）
　　　　　　　　　　　▲￥900,000
▎**自己負担** ￥624,900

※ 浴室リフト設置工事費用含む

肘掛式手すりで安全な排泄動作が可能。

（改修前）

（改修後）

① 床材変更・建具変更
　畳撤去・フローリング
　敷居段差、引き戸撤去
　アコーデオンカーテン設置

② 段差解消・建具変更
　敷居段差撤去
　アコーデオンカーテン取付

③ 木製手すり設置
　横　径35×1100

④ 肘掛式手すり設置
　横　径35×1100

⑤ 段差解消・建具変更
　敷居段差撤去
　アコーデオンカーテン取付

⑥ 入浴用リフト設置
　2関節アーム
　スリングシート
　にて入浴

⑦ 肘掛式解体・スロープ設置
　寝室から脱衣室への動線
　確保（スロープ）
　洗濯機置き場移動
　三枚引き戸取り付け

身体状況・日常生活動作（ADL）
水頭症
身体障害者手帳1級　性別：男性　年齢：22歳

　起き上がりはできるが、バランスの保持が難しく、動作時に転倒の危険があるため介助が必要。
　移乗は車いすの肘掛けやベッドの介助バーにつかまって指示見守りがあればできる。移動は車いすを利用しているが実用的ではない。
　立位保持はつかまっていればできるが手を離そうとすると大きくふらつきが起こることがある。
　短期記憶が難しく、常に見守りが必要。
　排泄は病院内ではオムツを使用しているが、家族の指示見守りのもとでは手すりにつかまり移乗し、トイレに座ることができる。家族はトイレでの排泄を強く希望し、本人もできるようになりたいと思っている。
　入浴はシャワーのみであるが、退院後は自宅で訪問介護を受けることを希望している。

住宅改修

【トイレ】　便座に着座後適当な位置への座り直しや座位保持については肘掛けの手すりを利用する。これにより安全な排泄動作が可能になる。

【浴室】　リフトを設置し、脱衣室から洗い場、浴槽の跨ぎをリフトでできるようにする。リフトの上下スイッチ操作は本人が行う。

【寝室】　寝室は和室で段差がある。床のかさ下げとフローリングへの変更により、車いすでの移動を可能にする。また寝室から洗面室、浴室への移動ができるように、押入れを造作し通路を作る。段差部分は緩やかなスロープに改修する。

【リフトおよび吊り具の適合】　リフトは、脱衣室から上がり洗い場へ移動できるように2関節のタイプを選択する。吊り具は脚分離型シートを選択した。

改修後
　トイレでの排泄動作が可能になり、退院後の排便はトイレでできるようになった。

手すり工事⑲ （外溝・廊下・浴室）

- 概算費用（税込）
- 住宅改修（1回目）¥147,000
- 介護保険　▲¥132,300
- 自己負担　¥14,700
- 住宅改修（勝手口デッキ工事）
　　　　　¥118,000

- 介護保険　¥0
- 自己負担　¥118,000
- 福祉用具（移乗台）¥25,000
- 介護保険　▲¥22,500
- 自己負担　¥2,500

福祉用具の設置で転倒を予防する。

※ 段差解消機は介護保険貸与該当

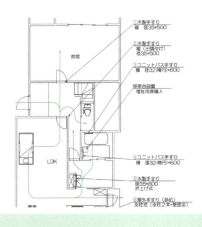

改修2回目・勝手口デッキ工事

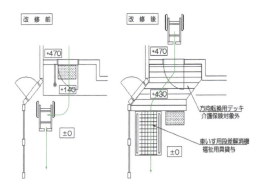

■身体状況
　パーキンソン病、脊柱管狭窄症。椎間板ヘルニアのため入院。外泊時自宅で転倒し腓骨骨折。姿勢の前傾、ふらつきや下肢の不随意運動、筋力低下、握力低下、眠気、発汗などの症状がある。
要介護度：要介護2　性別：男性　年齢：68歳

■日常生活動作（ADL）
　床からの立ち上がりは不可能。
　長距離の移動や立ち座りには必ず介助が必要。
　昼夜ともに妻が声をかけながら見守り、適宜必要な介助をしている。通院先の病院での移動は車いす全介助。

■住宅改修
【改修1回目】
　杖をつき状態によっては介助者に支えられて移動している。歩行姿勢は前傾で、廊下に手すりを取り付け歩行移動を補助し転倒を予防する。
　浴槽内に移乗台（福祉用具購入）を設置し座面を広くして座位を安定させ、跨ぐ際につかまれる手すりを取り付ける。また移乗台からの立ち座りのための手すりを取り付け転倒を予防する。
　段差では、大きくふらついたりして危険なため、手すりを取り付け歩行移動を補助し転倒を予防する。勝手口の昇降は特に介助者の負担が大きいため、介護者の負担軽減にも効果が期待できる。

【改修2回目】
　脚力の低下とふらつきが大きくなり、職場への通路である勝手口からの出入りの際の介助者負担が増大、転倒の危険もあることから、車いすに乗車しながら段差の昇降ができるようデッキ状の通路を新設し段差解消機を利用する。これにより、介護者負担と転倒リスクの大幅な軽減を図ることが可能となる。

■改修後
　身体状況に合わせた2回の改修と福祉用具の導入により、生活動作全般を安全に行うことや、介助者の負担軽減に効果が出ている。本人の希望であった仕事の継続も果たせている。

手すり工事⑳ (外溝)

■概算費用　　　　　　　　　　　　￥495,000（税込）
■住宅改造助成（自治体独自補助）▲￥371,250
■自己負担　　　　　　　　　　　　￥123,750

スロープを付け、安全に屋外へ。

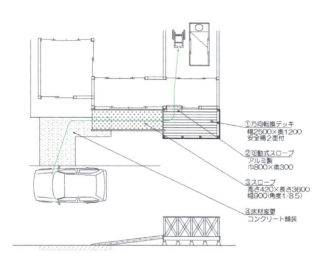

①方向転換デッキ
　幅2500×奥1200
　安全柵2面付
②可動式スロープ
　アルミ製
　巾800×奥300
③スロープ
　高さ420×長さ3600
　幅900（角度1/8.5）
④床材変更
　コンクリート舗装

■身体状況
脳性まひ・頚椎損傷
身体障害者手帳1級　性別：女性　年齢：63歳

■日常生活動作（ADL）
ADL全介助

ほとんどの時間をベッド上で過ごし、訪問看護による膀胱ろうの処置、清拭の後に介助にて車いすに移乗する。通院などで外出する際には、介護タクシーの持参するレール型スロープで廊下から降りているが、傾斜が急で介助も容易でない様子があり、本人も座位姿勢を保つことに不安がある。

夫と娘との三人暮らし。夫は要介護状態で介護は不可能。娘は虚弱で本人を持ち上げるような介護はできないが、車いすに移乗してもらえれば庭へ出て散歩の介助をしたいと思っている。

■住宅改修
廊下からスロープを利用し外へ出ることを検討。廊下の高さから十分な傾斜をつけ安全に昇降するためには、3.6m程度の長さ（1/8.5）が必要と思われる。庭の一部が駐車場になっていて廊下から真っ直ぐ降りてしまうと車が駐車できなくなってしまう。そこで廊下から一度デッキに出て進行方向を変え犬走りに沿ってスロープを降りるようにする。これにより安全な傾斜角度を確保でき、駐車スペースにも支障がない。訪問入浴車の取回しにも影響を及ぼすことはないことを確認した。

廊下のサッシ部分の通過については、取り外し式のスロープを利用する。傾斜部分には滑りにくい素材の床材を使用。

この改修により、通院等のための出入りはもちろん、気分転換を目的とした散歩などにも頻繁に出掛けられるようになる。

■改修後
訪問看護担当者、訪問介護担当者、娘のいずれも容易に安全に屋外に出る介助が可能になった。傾斜が緩やかなので本人の身体的な負担はほとんどなく、安心して介助を受けることができる。

浴室① Bath Room

縦手すり、横手すり、L型手すりの取り付け工事

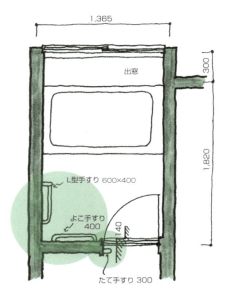

工事のポイント

出入り口段差箇所の上り下りの安全のために縦手すりを壁面に、洗い場への移動のために横手すり、シャワーいすへの着座と立ち上がりのためにL型手すりを取り付けています。

見積もり内容

	総工事費	¥55,000（消費税別）		住宅改修告示 （第　号）
・縦手すり（ステンレス芯樹脂コーテング製 l＝300）		1本	¥7,300	(1)
取り付け費（タイル下地）		1本	¥6,000	(1)
・横手すり（ステンレス芯樹脂コーテング製 l＝400）		1本	¥7,700	(1)
取り付け費（タイル下地）		1本	¥6,000	(1)
・L型手すり（ステンレス芯樹脂コーテング製 L＝600×400）				
		1本	¥14,000	(1)
取り付け費（タイル下地）		1本	¥9,000	(1)
工事費小計			¥50,000	
諸経費（工事費の10％）			¥5,000	

浴室② Bath Room

入浴台設置、手すり取り付け、すべり止めシート敷込み工事

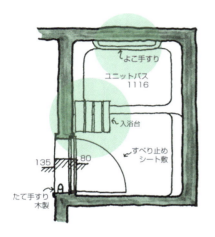

※入浴台は介護用品の既製品で対応することが多い。

工事のポイント

浴槽へ腰掛けて出入りするための、入浴台を浴槽横に設置しています。洗い場にはすべり止めシートを敷込み、壁面にはユニットバス用手すりと、浴室出入口の段差をまたぐための縦手すりを付けています。

見積もり内容

			住宅改修告示（第　号）
総工事費	¥1,00,350（消費税別）		
・入浴台（檜製、既製品）	1式	¥40,950	(用)
・手すり（木製、l=500）	1本	¥3,900	(1)
取り付け費（木下地）	1本	¥5,000	(1)
・手すり（ユニットバス用、ステンレス芯樹脂コーティング製、l=600）			
	1本	¥11,500	(1)
取り付け費（ユニットバス取り付け）	1本	¥8,000	(1)
・すべり止めシート敷込み（1n×1w）	1式	¥22,000	(外)
工事費小計		¥91,350	
諸経費（工事費の10%）		¥9,000	

● 見積の横に記入している（　）書きの番号は住宅改修告示番号です。対象外は「外」、用具は「用」と表記しています。
● 用具に関しては貸与と購入があり、貸与は「用レンタル」と表記しています。

浴室③ Bath Room

ドア撤去、カーテン取り付け、すのこ設置工事

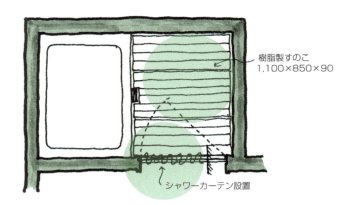

樹脂製すのこ
1,100×850×90

シャワーカーテン設置

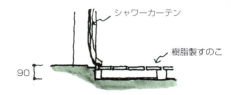

シャワーカーテン
樹脂製すのこ
90

工事のポイント

ドアの開閉にスペースがとられて、介助がうまく行えないため、ドアを撤去し、シャワーカーテンを取り付けています。
床段差解消のため、樹脂製すのこを設置しました。

見積もり内容

総工事費		¥94,300（消費税別）		住宅改修告示 （第　号）
・シャワーカーテン費（レール取り付け共）	1式	¥9,400		（外）
・すのこ工事費（樹脂製、3分割）	1式	¥74,400		（用）
・ドア撤去（賃貸住宅のため保存）	1式	¥2,000		（6）
工事費小計		¥85,800		
諸経費（工事費の10％）		¥8,500		

浴室④ Bath Room

浴槽への出入り用踏み台、浴槽台の設置と手すり取り付け工事

浴室

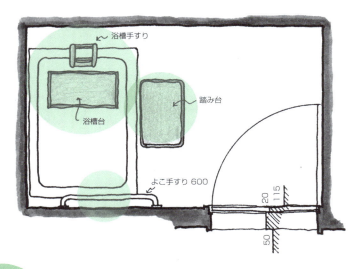

工事のポイント

和風浴槽の外に踏み台、浴槽内に浴槽台を設置し、浴槽縁の高さと浴槽の深さを緩和しています。
壁面に手すり1本、浴槽縁に浴槽手すりを取り付けています。

見積もり内容

総工事費		¥71,000（消費税別）		住宅改修告示（第　号）
・浴槽台		1台	¥16,000	(用)
・横手すり（ステンレス芯樹脂コーティング製 l =600)	1本	¥8,500	(1)
取り付け費（タイル下地）		1本	¥6,000	(1)
・浴槽手すり		1本	¥18,000	(用)
・踏み台		1台	¥16,000	(外)
工事費小計			¥64,500	
諸経費（工事費の10％）			¥6,500	

● 見積の横に記入している（　）書きの番号は住宅改修告示番号です。対象外は「外」、用具は「用」と表記しています。
● 用具に関しては貸与と購入があり、貸与は「用レンタル」と表記しています。

浴室⑤ Bath Room

手すり取り付け、すのこ設置工事

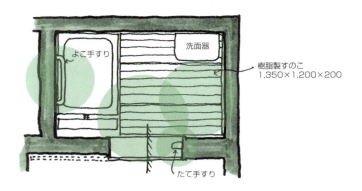

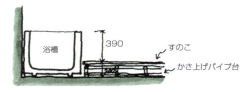

工事のポイント

見積もり内容

洗面所と浴室の床段差解消のため、すのこを設置しています。すのこの高さが200mmと高くなるため、上下に分け、脚部はパイプで組み、上は樹脂製すのこを3分割にしてのせ、扱いやすくしています。出入口に縦手すりと壁面に横手すりを取り付けています。

総工事費	¥144,800（消費税別）	住宅改修告示（第　号）

・すのこ工事費（脚部樹脂被覆パイプ、すのこ樹脂製、3分割）
　　　　　　　　　　　　　　　　　　　　1式 ¥1,05,000　　（用）
・縦手すり（ステンレス芯樹脂コーティング製 l = 400）1本　¥7,700　（1）
　取り付け費（木下地）　　　　　　　　　　　1本　¥5,000　（1）
・横型手すり（ステンレス芯樹脂コーティング製 l = 500）
　　　　　　　　　　　　　　　　　　　　　　1本　¥8,100　（1）
　取り付け費（コンクリート下地）　　　　　　1本　¥6,000　（1）

工事費小計　　　　　　　　　　　　　　　　　　　¥131,800

諸経費（工事費の10%）　　　　　　　　　　　　　¥13,000

浴槽交換工事

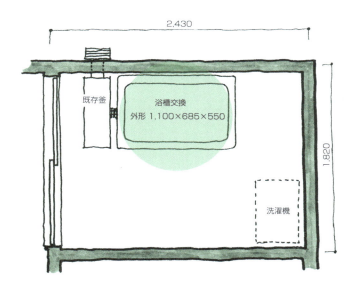

**工事の
ポイント**

長さが900mm、深さが610mmと深く、出入り困難な浴槽を、長さが1100mm、深さが550mmの浴槽に交換しています。

**見積もり
内容**

総工事費	¥126,600（消費税別）	
・既存浴槽撤去、処分費	1式	¥8,000 (6)
・新規浴槽（外形寸法）W1100×D685×H550	1台	¥71,600 (2)
搬入、据え付け、穴明け	1式	¥15,000 (2)
既存風呂釜循環パイプ接続	1式	¥8,000 (2)
風呂ふた（巻きタイプ）	1枚	¥13,000 (外)
工事費小計		¥115,600
諸経費（工事費の10％）		¥11,000

●見積の横に記入している（　）書きの番号は住宅改修告示番号です。対象外は「外」、用具は「用」と表記しています。
●用具に関しては貸与と購入があり、貸与は「用レンタル」と表記しています。

浴室⑦ Bath Room

壁に浴室用暖房器設置工事

電気配線工事を行い、浴室用暖房器を取り付けています。

工事のポイント

見積もり内容

総工事費			¥143,000（消費税別）	
・浴室用暖房器		1台	¥90,000	(外)
・取り付け費		1式	¥9,000	(外)
・電気工事費（専用電源取り出し、スイッチ配線、アース接地工事）				
		1式	¥31,000	(外)
工事費小計			¥130,000	
諸経費（工事費の10%）			¥13,000	

浴室⑧ Bath Room

ドアを折戸に交換、手すり取り付け工事

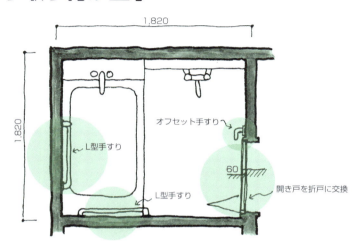

工事のポイント

ドアは開け閉めのとき洗い場が狭くなるうえに、洗い場で倒れるなど事故が起こったときにドアが開けられなくなるため、折戸に取り替えています。
出入口には手の届きやすい、オフセットタイプの手すりを取り付けています。

見積もり内容

		総工事費	¥137,500（消費税別）	住宅改修告示 （第　号）
・既存ドア撤去、処分費		1式	¥5,000	(6)
・新規折戸工事費（折戸、オーダー品、取り付け共）		1式	¥59,000	(4)
・オフセット手すり工事（ステンレス芯、樹脂コーティング製 l＝400）				
		1本	¥8,800	(1)
取り付け費（タイル下地）		1本	¥6,000	(1)
・L型手すり（ステンレス芯、樹脂コーティング製 L＝600×600）				
		1本	¥15,100	(1)
取り付け費		1本	¥8,000	(1)
・L型手すり（ステンレス芯、樹脂コーティング製 l＝500×600）				
		1本	¥15,100	(1)
取り付け費		1本	¥8,000	(1)
工事費小計			¥125,000	
諸経費（工事費の10％）			¥12,500	

●見積の横に記入している（　）書きの番号は住宅改修告示番号です。対象外は「外」、用具は「用」と表記しています。
●用具に関しては貸与と購入があり、貸与は「用レンタル」と表記しています。

浴室⑨ Bath Room

手すり取り付け、浴槽内すのこ、バスボード、シャワーいす設置

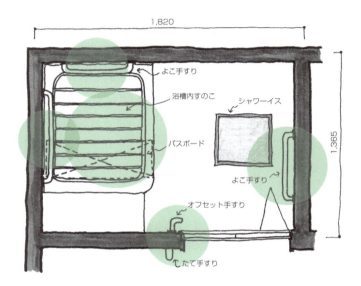

工事のポイント

浴槽縁にバスボードを渡し、腰掛けてから浴槽に出入りできるようにしています。腰掛けて出入りするとき、足が浴槽底にしっかりと着くように浴槽底をすのこでかさ上げしています。
手すりを5本取り付けました。

見積もり内容

総工事費		¥210,800（消費税別）	住宅改修告示（第　号）
・オフセット手すり1本、横手すり3本、縦手すり1本 　（ステンレス芯、樹脂コーティング製、取り付け共）	1式	¥72,000	(1)
・浴槽内すのこ費（脚部ステンレス、上面樹脂製）	1式	¥91,800	(用)
・バスボード	1式	¥20,000	(用)
・シャワーいす（背無しタイプ）	1台	¥8,000	(用)
工事費小計		¥191,800	
諸経費（工事費の10％）		¥19,000	

浴室⑩ Bath Room

手すり取り付け、床段差緩和、入浴台設置工事

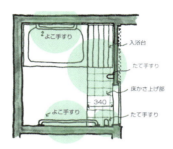

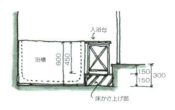

工事のポイント

浴室の床が洗面所床面より 300 ㎜下がっています。浴室全体をかさ上げすると浴槽の据え付け、給排水工事等が付帯して必要となるため、浴室床の一部を 150 ㎜かさ上げすることで、洗い場床から、かさ上げ部、洗面所床と 150 ㎜ずつの階段状にしています。
浴槽への出入りは、かさ上げした洗い場に設置した浴槽につながる入浴台に腰掛けて行います。壁面に手すり 4 本取り付けています。

| 総工事費 | ¥183,900（消費税別） | 住宅改修告示（第　号） |

見積もり内容

・手すり工事費
（ステンレス芯樹脂コーティング製、縦手すり 2 本、横手すり 2 本取り付け共）
　　　　　　　　　　　　　　　1 式　　¥57,200　　(1)
・床一部かさ上げ工事費（ブロック積みモルタル下地、タイル貼り）
　　　　　　　　　　　　　　　1 式　　¥75,000　　(2)
・入浴台設置（脚部スチール、上面樹脂製）1 式　　¥35,000　　(用)

工事費小計　　　　　　　　　　　　　　¥167,200

諸経費（工事費の10%）　　　　　　　　¥16,700

●見積の横に記入している（　）書きの番号は住宅改修告示番号です。対象外は「外」、用具は「用」と表記しています。
●用具に関しては貸与と購入があり、貸与は「用レンタル」と表記しています。

浴室⑪ Bath Room

踏み台設置、洗面台かさ上げ、手すり取り付け工事

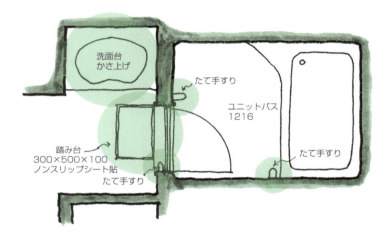

工事のポイント

洗面所から浴室への床が 200 ㎜上がっています。洗面所側に踏み台を設置し、段差を緩和しています。この踏み台のため、収納扉の開閉ができなくなった洗面台をかさ上げし、浴室壁面にはユニットバス用手すりを取り付けています。

見積もり内容

| | 総工事費 | ￥170,300（消費税別） | 住宅改修告示（第　号） |

・縦手すり（ステンレス芯樹脂コーティング製、l＝300、取り付け共）
　　　　　　　　　　　　　　　　1式　　￥18,400　　　（1）
・縦手すり（ユニットバス用、ステンレス芯樹脂コーティン製、l＝400、2本、取り付け共）
　　　　　　　　　　　　　　　　1式　　￥37,600　　　（1）
・踏み台工事費（樹脂、上面滑り止シート貼り、取り付け共）
　　　　　　　　　　　　　　　　1式　　￥18,900　　　（2）
・洗面台位置替え（一時取り外し、床かさ上げ、再取り付け、給排水工事共）
　　　　　　　　　　　　　　　　1式　　￥80,000　　　（外）

工事費小計　　　　　　　　　　　　　　￥154,900

諸経費（工事費の10％）　　　　　　　　￥15,400

浴室⑫ Bath Room

ドアを折戸に交換、すのこ設置、手すり取り付け工事

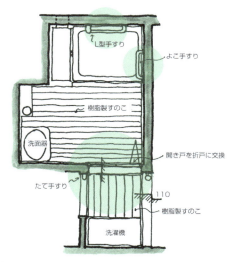

工事の ポイント

ドアの開閉にスペースがとられ、介助がうまく行えないため、ドアを折戸に交換しています。
床段差解消と浴槽縁の高さを低くするため、脱衣室と洗い場にすのこを設置、壁面に手すりを3本取り付けています。

見積もり 内容

			住宅改修告示 (第　号)
総工事費		¥311,150（消費税別）	
・既存ドア撤去、処分費	1式	¥5,000	(6)
新規折戸工事費（折戸、オーダー品、取り付け取合い部補修共）			
	1式	¥67,000	(4)
・すのこ工事費（脚部パイプ組、上面樹脂製）			
脱衣室	1式	¥35,000	(外)
洗い場	1式	¥123,000	(用)
・手すり工事費（木製　l＝600 取り付け共）	1式	¥12,400	(1)
・手すり工事費			
（ステンレス芯、樹脂コーティング製 L＝400 1本、l＝400×500 1本取り付け共）			
	1式	¥40,550	(1)
工事費小計		¥282,950	
諸経費（工事費の10％）		¥28,200	

●見積の横に記入している（　）書きの番号は住宅改修告示番号です。対象外は「外」、用具は「用」と表記しています。
●用具に関しては貸与と購入があり、貸与は「用レンタル」と表記しています。

浴室⑬ Bath Room

浴室出入口の段差解消と出入りしやすい浴槽へ交換工事

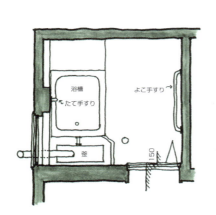
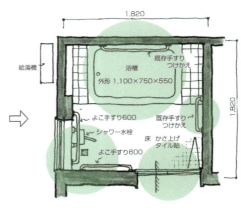

工事のポイント

出入口の段差をなくすため、浴室の床をかさ上げし、浴槽をまたぎやすく、足を伸ばせる商品に取り替えて、浴槽の脇に腰掛けてから出入りできるように入浴台を設けています。

見積もり内容

	総工事費	¥815,000（消費税別）	住宅改修告示 （第　号）

・手すり工事費
（ステンレス芯、樹脂コーティング製 l ＝ 600　2本取り付け、2本位置替え共）
　　　　　　　　　　　　　　　　　　　1式　　¥41,000　　　(1)
・解体・撤去処分費（既存釜、浴槽撤去）　1式　　¥50,000　　　(6)
・左官、タイル工事費（土間かさ上げ、浴槽埋め込み、タイル貼り）
　　　　　　　　　　　　　　　　　　　1式　　¥115,000　　　(2)
・給排水工事費　　　　　　　　　　　　1式　　¥121,000　　　(6)
・ガス工事費　　　　　　　　　　　　　1式　　¥24,000　　　(6)
・設備機器（浴槽、給湯器、シャワー水栓）1式　　¥390,000　　　(外)
　　浴槽の交換とそれに伴う工事費は対象 (2)

工事費小計　　　　　　　　　　　　　　　　　¥741,000

諸経費（工事費の10%）　　　　　　　　　　　¥74,000

浴室⑭ Bath Room

浴室出入口の段差解消と出入りしやすい浴槽へ交換工事

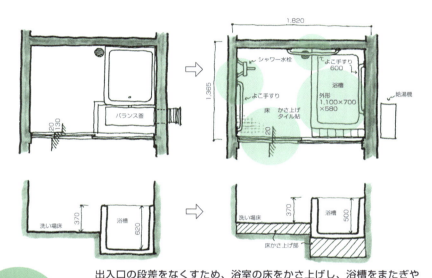

工事のポイント

出入口の段差をなくすため、浴室の床をかさ上げし、浴槽をまたぎやすく、足を伸ばせる商品に取り替えて、浴槽の脇に腰掛けてから出入りできるよう入浴台を設けています。

見積もり内容

総工事費		¥801,500（消費税別）	住宅改修告示 （第　号）
・手すり工事費（ステンレス芯、樹脂コーティング製 l＝600　3本取り付け共）			
	1式	¥43,500	(1)
・解体・撤去処分費（既存釜、浴槽撤去）	1式	¥34,000	一部(6)
・左官、タイル工事費（土間かさ上げ、浴槽埋め込み、タイル貼り）			
	1式	¥70,000	一部(2)
・給排水工事費	1式	¥136,000	一部(6)
・ガス工事費	1式	¥24,000	(外)
・電気工事費	1式	¥19,000	(外)
・設備機器（浴槽、ふろふた、給湯器、シャワー水栓）1式		¥403,000	(外)
		浴槽の交換とそれに伴う工事費は対象	(2)
工事費小計		¥729,500	
諸経費（工事費の10％）	一式	¥72,000	

● 見積の横に記入している（　）書きの番号は住宅改修告示番号です。対象外は「外」、用具は「用」と表記しています。
● 用具に関しては貸与と購入があり、貸与は「用レンタル」と表記しています。

浴室⑮ Bath Room

浴室出入口の段差解消と浴槽交換、シャワーいす設置工事

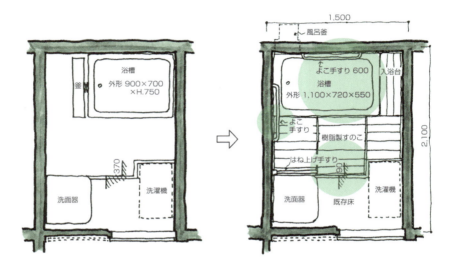

工事のポイント

出入口の段差をなくすため、浴室の床をすのこでかさ上げし、浴槽をまたぎやすく、足を伸ばせる商品に取り替えて、浴槽の脇に腰掛けてから出入りできるよう入浴台を設けています。

見積もり内容

	総工事費	¥820,960（消費税別）		住宅改修告示（第　号）
・手すり工事費（ステンレス芯、樹脂コーティング製3本、補強材取り付け共）		1式	¥79,000	(1) (6)
・解体・撤去処分費（既存釜、浴槽撤去）		1式	¥34,000	一部 (6)
・給排水ガス工事費（浴槽取り付け共）		1式	¥77,000	一部 (2)
・設備機器（浴槽、給湯器、シャワー水栓）		1式	¥390,000	一部 (2)
・すのこ工事費（脚部パイプ組、上面樹脂製）		1式	¥103,000	(用)
・入浴台（脚部パイプ組、上面樹脂製）		1台	¥45,000	(用)
・シャワーいす		1台	¥18,960	(用)
工事費小計			¥746,960	
諸経費（工事費の10%）		一式	¥74,000	

浴室⑯ Bath Room

浴槽出入り用リフト設置、ドアを折戸に交換、すのこ設置工事

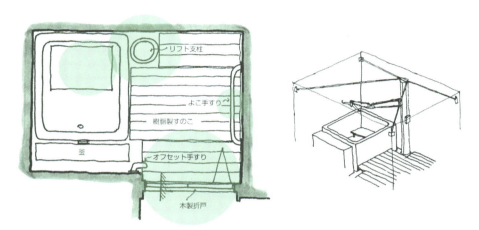

工事のポイント

浴槽への出入りのためリフトを設置と、シャワーチェアーでのアプローチのため、すのこで床の段差を解消しています。
出入口建具の段差をなくすため、折戸を特注して設置しました。

見積もり内容

	総工事費	¥990,000（消費税別）	住宅改修告示 （第　号）
・手すり工事費 （木製手すり1本、ステンレス芯、樹脂コーティング製2本取り付け共）			
	1式	¥42,400	（1）
・建具工事費（既存ドア撤去、折戸、オーダー品、吊り込み共）			
	1式	¥80,000	（4）
・すのこ工事費（洗い場用すのこ、3分割）	1式	¥69,600	（用）
・リフト（吊り具、共）	1台	¥596,000	（用レンタル）
			吊り具のみ（用）
取り付け費（特殊部材共）	1式	¥96,000	（外）
・浴槽台	1台	¥16,000	（用）
工事費小計		¥900,000	
諸経費（工事費の10％）		¥90,000	

● 見積の横に記入している（　）書きの番号は住宅改修告示番号です。対象外は「外」、用具は「用」と表記しています。
● 用具に関しては貸与と購入があり、貸与は「用レンタル」と表記しています。

浴室⑰ Bath Room

浴槽、釜交換、床かさ上げ、ドア交換、手すり取り付け工事

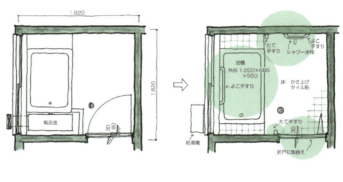

工事のポイント

洗面所から浴室への段差解消のため、洗い場床をコンクリートでかさ上げし、滑りにくいタイル貼りとしています。浴槽は、深さ500mm、長さ1200mmの出入りしやすい浴槽を設置し、ドアは折戸に交換しています。

見積もり内容

総工事費		¥976,200（消費税別）	住宅改修告示（第 号）	
・手すり工事費（ステンレス芯、樹脂コーティング製 l=400 1本、l=500 2本、l=600 1本、取り付け共）		1式	¥56,400	(1)
・解体・撤去処分費（既存釜、浴槽、ドア、床一部）		1式	¥37,000	一部 (6)
・左官、タイル工事費（土間かさ上げ、排水金物取り付け、浴槽埋め込み、タイル貼り）		1式	¥160,000	(2)
・建具工事費（折戸、オーダー品、取り付取り合い部補修共）		1式	¥77,000	(4)
・塗装工事費（天井ＶＰ塗装）		1式	¥32,000	（外）
・給排水工事費		1式	¥121,000	一部 (6)
・ガス工事費		1式	¥24,000	（外）
・設備機器（浴槽、シャワー水栓、ふろふた、給湯器）		1式	¥412,800	（外）
		浴槽の交換とそれに伴う工事費は対象		(2)
工事費小計			¥888,200	
諸経費（工事費の10％）		1式	¥88,000	

浴室⑱ Bath Room

浴槽、釜交換、床かさ上げ、手すり取り付け、洗面台交換工事

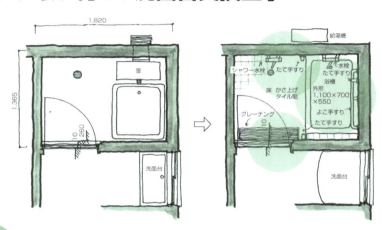

工事のポイント

洗面所から浴室への段差解消のため、洗い場床をコンクリートでかさ上げし、滑りにくいタイル貼りとしています。浴槽は、深さ500㎜、長さ1200㎜の出入りしやすい浴槽を設置、内釜を外釜に交換しています。

見積もり内容

総工事費		¥1,238,300（消費税別）	住宅改修告示（第　号）

・手すり工事費（ステンレス芯、樹脂コーティング製　4本　取り付け共）
　　　　　　　　　　　　　　　　　　1式　　¥57,100　　　（1）
・解体、撤去処分費（既存釜、浴槽、洗面台、床一部はつり）1式 ¥50,000　一部（6）
・木工事費（化粧台廻り、メラミン合板貼り）1式　　¥30,000　　　（外）
・左官、タイル工事費（土間かさ上げ、排水金物取り付け、浴槽埋め込み、タイル貼り）
　　　　　　　　　　　　　　　　　　1式　　¥90,000　　　（2）
・塗装工事費（浴室、洗面所、壁、天井ＶＰ塗装：下地処理共）
　　　　　　　　　　　　　　　　　　1式　　¥113,000　　　（外）
・給排水工事費　　　　　　　　　　　1式　　¥198,000　　一部（6）
・ガス工事費　　　　　　　　　　　　1式　　¥25,000　　　（外）
・電気工事費　　　　　　　　　　　　1式　　¥19,000　　　（外）
・設備機器（浴槽、シャワー水栓、浴槽水栓、ふろふた、給湯器、洗面化粧台）
　　　　　　　　　　　　　　　　　　1式　　¥544,200　　　（外）
　　　　　　　　　※浴槽の交換とそれに伴う工事費は対象　（2）

工事費小計　　　　　　　　　　　　　　　　¥1,126,300

諸経費（工事費の10%）　　　　　　　1式　　¥112,000

●見積の横に記入している（　）書きの番号は住宅改修告示番号です。対象外は「外」、用具は「用」と表記しています。
●用具に関しては貸与と購入があり、貸与は「用レンタル」と表記しています。

浴室⑲ Bath Room

出入口の段差が小さく、浴槽高の低いユニットバスに交換

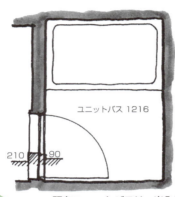
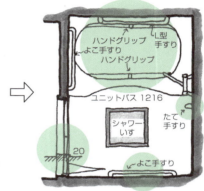

工事のポイント

既存ユニットバスは、出入口に210㎜の段差、浴槽高は610㎜です。出入り口の段差が20㎜、浴槽高は500㎜の出入りしやすいユニットバスに取り替えています。
手すり4本取り付け、シャワーいすを使用します。

見積もり内容

総工事費		¥1,326,060（消費税別）	住宅改修告示（第 号）

・手すり工事費（ステンレス芯、樹脂コーティング製 4本　取り付け共）
　　　　　　　　　　　　　　　　　　　1式　　¥66,600　　（1）
・解体・撤去費（既存ユニットバスドア枠、ダクトファン共）
　　　　　　　　　　　　　　　　　　　1式　　¥65,500　　一部（6）

・木工事費（ドア木枠、　取り合い部補修）
　　　　　　　　　　　　　　　　　　　1式　　¥40,000　　一部（6）
・ユニットバス組み立て　　　　　　　　1式　　¥95,000　　（外）
・機器（ユニットバス、鏡、棚、換気グリル、ダクトファン、手すり、補強）
　　　　　　　　　　　　　　　　　　　1式　　¥823,000　　一部（2）
　　　　　　　　　　　　　　　　　　　　　　　　　　　　　　（4）
・段差の解消に該当する部分、建具の取り替えに該当する部分を按分して出す。
・給排水工事費　　　　　　　　　　　　1式　　¥87,000　　一部（6）
・電気工事費　　　　　　　　　　　　　1式　　¥10,000　　（外）
・シャワーいす　　　　　　　　　　　　1台　　¥18,960　　（用）

工事費小計　　　　　　　　　　　　　　　　　¥1,206,060

諸経費（工事費の10％）　　　　　　　　1式　　¥120,000

浴室⑳ Bath Room

シャワーいすでアプローチできる浴室に全面リフォーム工事

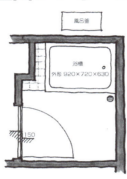
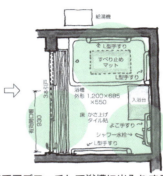

工事のポイント

既存浴室は、シャワーいすでアプローチして浴槽に出入りすることが困難です。間仕切り位置をずらし、浴室スペースを広くするとともに、段差のない3枚引き戸を設置、出入りしやすい浴槽に交換しています。移乗用に腰掛け台、手すり4本を取り付けています。

見積もり内容

総工事費	¥1,667,590（消費税別）	住宅改修告示（第 号）

- 手すり工事費（ステンレス芯、樹脂コーティング製　4本　取り付け共）
  1式　¥66,600　(1)
- 入浴台／すべり止めマット　1式　¥22,000　(用)／(外)
- 解体、撤去処分費（浴槽、釜、間仕切り壁、ドア、タイル壁、床、天井）
  1式　¥107,240　一部 (6)
- 木工事費（壁組、下地貼り、補強、一部VC貼り、天井組バスリブ貼り、出入り口木枠、塗装共）
  1式　¥126,250　一部 (6)
- 左官工事費等（床かさ上げ、タイル貼り、壁タイル貼り天井まで、浴槽埋め込み）
  1式　¥342,000　一部 (2)
- 建具工事費（出入口3枚引き戸、排水ユニット取り付け共）
  1式　¥136,000　(4) (6)
- 給排水工事費（2階への給湯管切り回し共）　1式　¥180,000　一部 (6)
- ガス工事費（床下ガス配管改修共）　1式　¥70,000　(外)
- 電気工事費（配線改修、コンセント、スイッチ、照明灯取り付け、照明器具共）
  1式　¥53,700　(外)
- 設備機器（浴槽、ふろふた、シャワー水栓、給湯器）1式　¥412,800　(外)
  浴槽の交換とそれに伴う工事費は対象　(2)

工事費小計	¥1,516,590

諸経費（工事費の10％）	1式　¥151,000

●見積の横に記入している（　）書きの番号は住宅改修告示番号です。対象外は「外」、用具は「用」と表記しています。
●用具に関しては貸与と購入があり、貸与は「用レンタル」と表記しています。

浴室㉑ Bath Room

ユニットバスを交換、腰掛式シャワー機器を設置工事

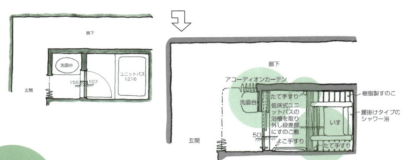

工事のポイント

既存ユニットバスを、低床タイプのユニットバスに交換、その浴槽を撤去して、多数のノズルから霧状のお湯が出るシャワーを腰掛けて浴びる機器を設置しています。

車いすでのアプローチをしやすくするため、洗面所の壁を撤去して、アコーディオンカーテンを取り付け、洗面器の取り付け方向を替えています。

見積もり内容

			住宅改修告示 (第　号)
総工事費	￥2,216,170（消費税別）		
・解体、撤去処分費（既存ユニットバス間仕切り壁、洗面台、床一部）	1式	￥138,000	一部 (6)
・木工事費（間仕切り壁下地組、コンパネ下地、ユニットバス枠、浴室床一部すのこ、アコーディオン枠、補修）	1式	￥206,000	一部 (6)
・塗装工事費	1式	￥10,000	一部 (6)
・ユニットバス	1台	￥670,000	一部 (2)
組み立て費（搬入、組み立て、水栓金具取り付け）	1式	￥95,000	一部 (6)
・腰掛け式シャワー機器（取り付け共）	1式	￥350,000	(外)
・洗面器、キャビネット（取り付け共）	1式	￥226,400	(外)
・給排水工事費	1式	￥47,000	一部 (6)
・電気工事費（ユニットバス用、換気ダクト用、コンセント、スイッチ移設）	1式	￥80,000	(外)
・内装工事費（間仕切り壁クロス貼り、カーペット貼り、見切り取り付け、アコーディオンカーテン取り付け）	1式	￥192,300	一部 (4)
工事費小計		￥2,014,700	
諸経費（工事費の10％）	1式	￥201,470	

浴室㉒ Bath Room
3本の手すりを取り付ける。

■ 概算費用　6万円
■ 同居家族　妻、子供2人。
■ 住居　木造2階建て。持ち家。

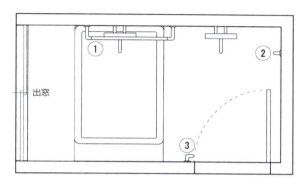

① 横手すり
　長さ850㎜　出寸法120㎜　樹脂製
② 縦手すり（オフセット）
　長さ450㎜　樹脂製
③ 縦手すり
　長さ800㎜　樹脂製

■ 身体状況等
アルツハイマー型痴呆58歳。男性。要介護認定4。2年前より発症し、24時間妻が付き添っている状態。足腰はしっかりしているが、突然動作が止まってしまうことがある。また、目に入ったものをつかむ行動が見られる。

■ ニーズ
入浴の際、タオル掛け、水栓金具、建具等、目に入ったものにつかまってしまうため、安全につかまれる手すりをつけてほしいと望んでいる。洗体時、介助しやすいシャワーチェアの使用を望んでいる。

■ 福祉用具
シャワーチェア（本人が座ったままで介助者が向きを変えることができる回転いす）。

■ 住宅改修
浴室の出入りの際、建具枠をつかんでいるため、出入口個所にオフセットの手すりを設置。洗体時に立ち上がり用に縦の手すりを設置。浴槽をまたぐ際、水栓金具をつかむため、金具の壁からの出幅に合わせ、壁から130㎜の出の手すりを特注で製作し設置している。

■ 改修後
妻は介助に伴い、入浴の際の安全性に最も不安を感じていた。3本の手すり設置後は、自然に手すりを使用するようになり、安全面での不安は解消された。洗体時の介助も、シャワーチェアの使用で、腰をかがめる必要がなくなり、同時に最も困難だった向きを変える動作が省略でき、介助の軽減につながった。妻の不安がそのまま本人に伝わっていたのか、不安感が解消されたことで、入浴がスムーズに行えるようになった。

浴室㉓ Bath Room
好きなときにシャワー浴ができる。

▍**概算費用** 18万円
▍**同居家族** 独居。
▍**住居** 分譲マンション1階。

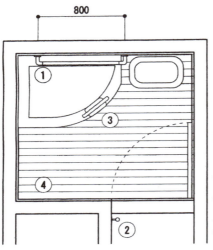

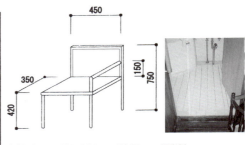

① 横手すり　長さ800㎜　径30㎜　樹脂製
　設置高さ　浴槽天端＋130㎜（上端）
② 縦手すり　長さ500㎜　径35㎜　木製
　補強板取り付け　設置高さH=800㎜（下端）
③ 浴槽手すり
④ すのこ　1230㎜×1680㎜×45㎜
　分割タイプ　発泡樹脂製
⑤ シャワーチェア（上図）

▍**身体状況等**
白内障・高齢によるADL低下の87歳の女性。要介護認定1。全般的に筋力が低下し、ADLが落ちてきている。白内障により、視力が低下し、すべての物がぼやけて見える。

▍**ニーズ**
浴室は、環境が整備されておらず、段差がある等危険を伴うため、ほとんど使用されていなかった。デイサービスで週に1回しか入浴することができない状態であったが、夏に向けて自宅で、好きな時に入浴・シャワー浴ができるようにしたいと望んでいる。

▍**福祉用具**
すのこ・浴槽手すり・シャワーチェア。

▍**住宅改修**
出入口の段差解消と、浴槽のまたぎ段差の緩和を兼ねて、床全体をすのこで、かさ上げをした。既存の床がタイルで冷たく不快であったのも同時に解消された。既存の風呂いすでは高さが低く、立ち座り動作が困難、かつ、洗体時の座位保持が不安定であったため、本人の身体に合わせてシャワーチェアを作成した。浴槽への出入りの補助として壁に横手すりを設置。本人の視力の低下を配慮し、壁のタイルと違った濃い色の手すりを使用し、コントラストをもたせた。浴槽手すりを併用することにより、より安定して浴槽をまたげるようにした。

▍**改修後**
慣れるまでは、入浴介助のヘルパーがいる時のみの利用としているが、自宅でのシャワー浴が可能となった。慣れた時点で、浴槽に入ることを考えている。

浴室 ㉔ Bath Room
トイレ、浴室の段差を解消する。

■**概算費用** 15万円
■**同居家族** 独居。
■**住居** 分譲マンションの6階。エレベーターまでは段差なし。

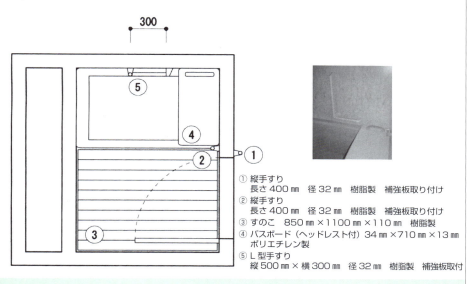

① 縦手すり
　長さ400mm　径32mm　樹脂製　補強板取り付け
② 縦手すり
　長さ400mm　径32mm　樹脂製　補強板取り付け
③ すのこ　850mm×1100mm×110mm　樹脂製
④ バスボード（ヘッドレスト付）34mm×710mm×13mm
　ポリエチレン製
⑤ L型手すり
　縦500mm×横300mm　径32mm　樹脂製　補強板取付

■**身体状況等**
80歳代。女性。要介護認定3。転倒による右股関節脱臼により、人工骨を入れる手術をし、退院したばかり。歩行器使用で、自宅でリハビリを兼ねて移動を行っている。左膝にも痛みあり。

■**ニーズ**
室内での転倒により脱臼してしまったため、歩行への恐怖心がある。また、トイレ・浴室等水まわりの段差が多いため、これらの段差を解消したい。

■**福祉用具**
バスボード・すのこ・歩行器（退院後使用）。

■**住宅改修**
脱衣所⇔浴室間に162mmの段差があり、浴室内へも115mmの段差があった。さらに洗い場から浴槽縁までの高さも560mmある。浴槽に入る際、人工骨を入れているため無理な体勢がとれない。まず、浴室の床をすのこでかさ上げし、出入口の段差を解消した。それにより、浴槽の縁までは445mmとなった浴槽には、バスボードを設置することで足の上げ下げの負担を軽くした。入浴の際にはバスボードは邪魔になってしまうため、開閉式で、ヘッドレスト付きのものとした。バスボードからの移動のため、正面壁にL型手すりを設置した。浴室入口には縦手すりを設置し、脱衣室との165mmの段差を解消するため、踏み台を設置し82mmの段2段に分割した。その他、動線上に手すりを設置している。

■**改修後**
今まではヘルパーの介助で入浴していたが、1人でも入浴できるようになった。ただしまだ不安があるため、ヘルパーがいる時に入浴を試みている。室内移動も歩行器を使用しなくなり、手すり使用で移動を行うことができるようになった。歩行への恐怖からヘルパー介助に依存する傾向があったが、改修により精神的に自立できるようになった。

浴室 ㉕ Bath Room
以前のように自宅で入浴したい！

■**概算費用** 16万円
■**同居家族** 独居。
■**住居** 分譲マンション6階。

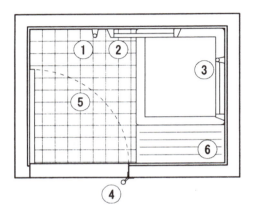

① 縦　手すり
　長さ800㎜　径30㎜　樹脂製
　設置高さ400㎜（下端）
② 横　手すり
　長さ500㎜　径30㎜　樹脂製
　設置高さ浴槽天端＋330㎜（上端）
③ L型　手すり
　縦400㎜×横500㎜　径30㎜　樹脂製
　設置高さ浴槽天端＋150㎜（上端）
④ 縦　手すり
　長さ400㎜　径32㎜　木製
　設置高さ900㎜（上端）
⑤ 床　かさ上げ　H=100㎜　タイル仕上げ
⑥ 移乗台設置

■**身体状況等**
転倒による膝骨折をした78歳の女性。要介護認定1。退院後、日常生活に支障をきたす程の後遺症は残らず、階段程度の段差はつかまって上り下りできるが、浴槽のまたぎ動作ができなくなってしまった。

■**ニーズ**
従前のように自宅で、入浴できるようになりたい。という強い要望があった。

■**福祉用具**
入浴台。

■**住宅改修**
築年数のたったマンションで在来工法の浴室。既存の浴槽が埋め込んであったため、防水層が壊れることを懸念し、既存の床タイルをはつっての浅型浴槽への交換は断念した。代替案として出入口の段差分、床をかさ上げすることで浴槽の高さを低くすることとした。独居で、日常の掃除等自分で行っているため、手入れのかかるすのこではなく、タイル貼りの仕上げとした。それでも、浴槽の高さは530㎜と高く、足を上げるのは困難なため、浴槽脇のデッドスペースを利用して、オーダーの入浴台を設置。腰を掛けての出入り方法に変更することを提案。浴室内の小物を収納できるよう、入浴台には下部に棚板を設け収納スペースも確保した。入浴台から浴槽内へ下りる時には、身体を支えるために手すりを設置した。また、日数がたって後遺症がなくなってきたら、以前のようにまたいでも入れるようにと、またぎのための手すりも、見越して設置している。

■**改修後**
事故前の浴槽にまたいで入るという動作ができなくなったことで、より入浴したいという気持ちが増大しており、できないことへの不安もあったが、台にいったん腰を下ろして入る方法で入浴できることが分かり、安心感も増した。手すりを設置したことで、いずれは以前のようにまたいでも入れるという希望ももてるようになった。

浴室 ㉖ Bath Room
段差をなくし、湯船につかる。

■ 概算費用 20万円
■ 同居家族 独居。
■ 住居 区営住宅5階建ての2階に居住。

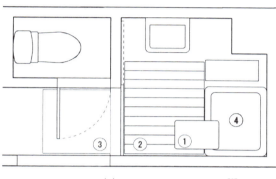

改修前

改修後

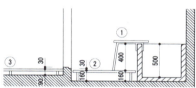

① 入浴台（保留）
② すのこ　樹脂製（既設）
③ 床　かさ上げ
④ 浴槽の交換

■ 身体状況等
80代。女性。要介護認定3。圧迫骨折により手足にしびれをともない、歩行はふらつきがあり不安定な状態。足を上げるのが困難である。

■ ニーズ
入浴に際し、足が上がらず浴槽がまたげなくなった。浴室にすでにすのこが設置されていたが、それでも浴槽の縁まで500mmあり足が上がらず、入浴が困難であった。区営住宅のため、改修にも制限があり、それでも1人でできる限り住み慣れた住居に住み続けるため、改修できる範囲でなんとかしたいと望んでいる。特にまたぎの動作を解消したいと望んでいる。

■ 福祉用具
入浴台を予定。

■ 住宅改修
浴室のスペースは限られており、区営住宅のため、バランス釜の移設などはできない状況であった。既存浴槽と同じサイズのステンレス浴槽を使い規格の深さををカットし、既存のすのこから浴槽縁を400mmとし、またげるようにした。また、居室から脱衣所へ幅150mmの敷居が100mmも立ち上がっており、またぎが危険であった。敷居の撤去ができないので脱衣所の床を木製すのこにより敷居の高さまで全面かさ上げし、またぎの動作を単純な段差に変え、つまずきの危険を解消した。

■ 改修後
当初、入浴台を設置し一旦腰を下ろしてから入浴する方法を考えていたが、浴槽を設置してみるとまたいで入ることができたため取り止めている。また、幸い本人は小柄なため、すのこから浴槽縁の高さを400mmとすると浴槽深さは500mmとなるが肩までお湯につかることができた。手を加えることを制限された公営住宅に住む高齢者は多く、転居も難しい状況にあり我慢を強いられ生活している人も多いが、住み続けるための工夫が求められている。

浴室㉗ Bath Room
手すりを用い、不安を解消する。

■概算費用　12万円
■同居家族　妻68歳。
■住居　木造平屋建て。持ち家。

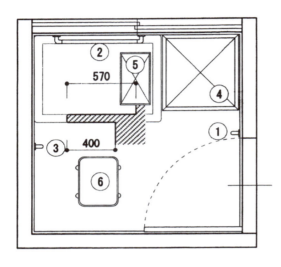

① 縦手すり
　長さ600mm　樹脂製
　設置高さ H=700mm（下端）
② 横手すり
　長さ700mm　樹脂製
　設置高さ H=150mm（浴槽縁より）
③ 縦手すり
　長さ600mm　樹脂製
　設置高さ H=700mm（下端）
④ 入浴台
⑤ 浴槽内いす
⑥ シャワーチェア

■身体状況等
脳梗塞により左半身に軽度の麻痺がある77歳の男性。要介護認定3。数日前に退院。屋内移動はT字杖を使用しているがよろめきがある。退院後間もないことと、不慣れもあり、不安感が大きい。

■ニーズ
屋内移動にT字杖を使用しているが、よろめきがあり、移動に不安を感じており、動線上に手すり設置を望んでいる。入浴に関しては、浴槽にまたいで入ることは不安定であり、恐怖感を抱いているため、安心して入浴できるようにしたいと望んでいる。

■福祉用具
T字杖（数週間前より使用）・入浴台・浴槽内いす・シャワーチェアー。

■住宅改修
浴室出入口には70mmの段差があるが、本人の意向で段差は解消せず、昇降のための手すり設置を行っている。シャワーチェアーからの立ち上がりに縦手すりの設置、浴槽への出入りは、一旦腰を掛けてからの入浴方法を提案。浴槽横のデッドスペースに入浴台を作成し設置し、浴室出入口の縦手すりを入浴台への着座、立ち上がりに兼用、浴槽内への移動、浴槽内での座位保持の横手すりを設置している。浴槽は和風浴槽であり深さが570mmで足が届かないため、浴槽内いすを使用し、入浴時も腰を掛けて立ち上がり動作を容易にすることを考えた。

■改修後
これまで不安定な状態で浴槽をまたいでいたため、本人の恐怖感と妻の介助負担で入浴回数も減っていたが、腰を掛けての入浴を行うことで安心して、妻の見守りで入浴できるようになった。

浴室 ㉘ Bath Room
滑り止めマットを用い、足元を安定させる。

■概算費用 12万円
■同居家族 妻59歳／母85歳（要介護認定1）
■住居 鉄骨鉄筋コンクリート造4階建て。持ち家。

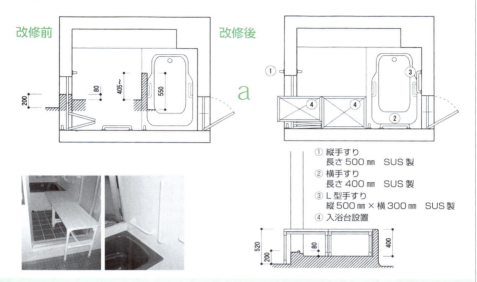

① 縦手すり
　長さ500mm　SUS製
② 横手すり
　長さ400mm　SUS製
③ L型手すり
　縦500mm×横300mm　SUS製
④ 入浴台設置

■身体状況等
64歳の男性。要介護認定4。クモ膜下出血により、左半身麻痺。筋力の低下もあり、歩行困難。移動は屋内外ともに車いす使用。屋外は介助、屋内では右手右下肢を使って移動を行っている。移乗は全介助。

■ニーズ
浴室の出入口に、またぎ段差があるため、車いすでの利用ができず、現在は、巡回入浴サービスを利用している。自宅の浴槽に入りたいと本人は強く望んでおり、家族も入れてあげたいと望んでいる。福祉用具を活用し、介護保険の支給限度額内で住宅改修を考えたいと希望している。

■福祉用具
自走用車いす（3カ月前より使用）・浴槽内滑り止めマット。入浴台は、浴槽から脱衣所まで延ばすことを想定し、製作に当たり、ケアマネジャー、PT、OT、入浴介助予定の看護婦立ち会いの上に、シャワーチェアー2台を使い、入浴台の代わりとして動作確認、サイズ確認を行った。高さは浴槽の縁の高さに設定すると脱衣所の床面からは520mmとなるが、本人の身長が高いことも幸いし、デモでは移乗可能と判断された。移乗後は、浴室の戸を閉められるよう台は2分割している。本人の移乗動作、横ずれ移動と介助者の動作に支障ないよう、台の座面奥行寸法と出入口開口部の空きスペースのバランスおよび脱衣所への張り出し寸法に十分な配慮を行った。浴槽内には滑り止めマットを敷くことで足元の安定をはかった。

■住宅改修
入浴台への移乗、浴槽への移乗の補助に手すりを3本追加設置した。

■改修後
看護婦の介助により、当初数カ月はシャワー浴で様子を見ることとした。当初、バスボードの利用が予想されたが、その後、徐々に浴槽内への移乗を試み、バスボードを利用することなく、自宅での入浴が可能となり、本人と家族の満足を得ている。

浴室㉙ Bath Room
子供と一緒に入浴する。

▎**概算費用** 15万円
▎**同居家族** 夫、息子。

▎**住居** マンションの1階。建設時にバリアフリー仕様に設計されており、室内・外共段差がほとんどない。段差のある玄関も段差解消機設置済。

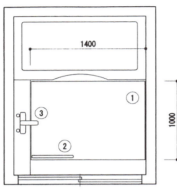
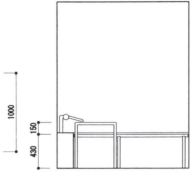

① 移乗台　W1400㎜×D1000㎜×H430㎜
② 横手すり　H=580㎜　樹脂製
③ 水栓金具移設

▎**身体状況等**
30歳代。女性。病気により18歳の頃下半身麻痺となり車いす生活となった。ADLはすべて自立。

▎**ニーズ**
入浴の際、車いすから洗い場、洗い場から湯船への移乗が困難である。移乗にはシャワーチェアを使用しているが、シャワーチェアが場所をとるため洗い場が狭く、お子様との入浴ができない。また、室内とバルコニーの間に段差があり、住宅内で唯一本人が行き来できない場になっているため、車いすで出られるようにしたい。

▎**福祉用具**
車いす（18歳の頃より使用）。

▎**住宅改修**
洗い場に浴槽縁と同じ高さの移乗台を置き、洗い場全体の床の高さを浴槽縁にあわせることで、移乗をスムーズにできるようにした。浴室出入口部の移乗台は、車いすの前輪が下に入るように作成し、座面をより移乗台に近づけるようにした。移乗台の上で身体を洗ったりすることから、湯水が大量に流れるため、浴室入口部は300㎜のすき間を空けた。台には転落防止の柵を取付けた。移乗台は、入口から出し入れできるように2分割してある。設置にあたり、水栓が移乗台の下となってしまうため、壁面を露出配管で水栓の高さを上げている。バルコニーは、マンションの共用部分であることから、ビス等を打ち固定することが不可能であったため、浴室などで使用されるすのこを使用し、段差を解消した。すのこの上にはウッド調パネルを敷き、すのこの保護と景観に配慮した。サッシ下部の段差については、ステンレスのパンチング板により解消している。

▎**改修後**
浴室については、移乗が楽にできるようになり、お子様と一緒に入浴できるようになった。バルコニーについては、住居内で行けない場所がなくなり、洗濯物干しもできるようになり、さらにガーデニング等が楽しめるようになった。

浴室 ㉚ Bath Room
トランスファーボードを用いて、湯船につかる。

■**概算費用** 4万円
■**同居家族** 妻61歳。

■**住居** 木造2階建て。持ち家。

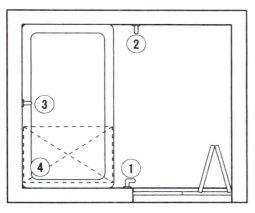

① 縦手すり（オフセット）
　長さ400㎜　径32㎜　樹脂製
② 縦手すり
　長さ700㎜　径32㎜　樹脂製
③ 縦手すり
　長さ600㎜　径32㎜　樹脂製
④ バスリフト（レンタル）

■**身体状況等**
脳梗塞により軽度の右麻痺の男性62歳。要介護認定2。屋内は伝い歩き、日常生活動作は自立しているが、入浴は危険という不安感から妻の介助でシャワー浴を行っている。

■**ニーズ**
当初、トランスファーボードを使用して浴槽に入る方法を入院中に病院のPTから指示を受けた。そのため、ボードの購入、手すりの設置を行い、退院後試みたが、浴槽内、立ちしゃがみの時の本人と介助者の不安感から、入浴ができず、シャワー浴になっていた。4カ月後、寒い時期に向かい、浴槽に入っての入浴を強く希望された。

■**福祉用具**
バスリフト。
バスリフト購入に当たり、自宅に機器を持ち込み、本人と妻に体験をしてもらっている。お湯を張った状態ではないが、リフトの座面に腰を置くだけで浴槽に入れることで安心して使えるという確認を得た。

■**住宅改修**
トランスファーボードを使用しての入浴の際に必要な手すりが2本設置されていたが、バスリフト使用に変えたため、2本の手すりを使いやすい位置に移設した。

■**改修後**
本人の入浴の不安感と妻の介助者としての不安感が、共に解消され、本人は浴槽に入れるようになり、満足を得ている。妻の介助も、洗体時だけとなり、浴槽への出入りは見守りとなり、今後は徐々に入院前の生活に戻れるのではないかと期待が持てるようになった。

浴室 ㉛ Bath Room
リフトを用いて、安定した入浴を。

■**概算費用** 66万円
■**同居家族** 妻75歳。
■**住居** 木造2階建て。持ち家。

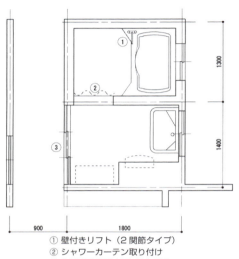

① 壁付きリフト（2関節タイプ）
② シャワーカーテン取り付け
③ 2枚連動片引き戸へ取り替え

■**身体状況等**
疾病は特にないが高齢による身体機能低下が見られる78歳の男性。要介護認定3。特に下半身の弱さが目立ち、若年時の事故による膝骨折の後遺症も加わり、屋内移動には、車いす、歩行器使用、介助移動を場面で使い分けている。足上げが困難なため、段差、またぎが困難となっている。

■**ニーズ**
入浴介助により、シャワー浴のみ行ってきているが不満であり、浴槽に入っての入浴を希望している。浴室出入口の段差の乗り越えに恐怖感を持っており、介助者の負担も大きく、安心して入浴をできるようにしたいと強く願っている。

■**福祉用具**
車いす自走型低床タイプ（使用中）・歩行器、水廻り用車いす（使用中）・懸架式リフト（2関節方式）。浴室出入口からリフトを使用することで、出入口の段差のまたぎ動作をなくし、入浴の介助力の軽減と安全性を確保する。スリングシートの利用を本人が受容できるかどうかが課題であったが、ショールームでの体験により、本人もイメージの確認をすることができた。

■**住宅改修**
現在使用中の車いす使用で脱衣所に移動するために、現状有効開口幅600㎜の引戸を撤去し、2枚連動の引戸に取替えている。結果、有効開口幅を770㎜確保できた。浴室（ユニットバス）の出入口は開き戸で有効開口幅600㎜弱であるが、リフト使用の際は、邪魔になるため、撤去し、シャワーカーテンに取り替えている。

■**改修後**
特殊な福祉用具の利用には細心の注意が必要であるが、本人に体験をしてもらったことにより、受け入れられることとなった。リフト使用に際しては出入口の開口幅の確保で容易となり、浴室内、浴槽内への移動はリフト使用により安定し、結果、本人の満足感を得られることとなった。

浴室 ㉜ Bath Room
自立に向けた洗面台、シャワー浴室。

■**概算費用** 166万円
■**同居家族** 娘50歳代。
■**住居** 築36年木造2階建て。持ち家。

改修前

改修後　廊下

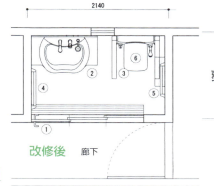

a

① 3本引き戸
② 洗面器
③ 座シャワー
④ 横手すり　長さ600㎜　径30㎜　樹脂製
⑤ 横手すり　長さ500㎜　径30㎜　樹脂製
⑥ シャワーチェア

■**身体状況等**
自立心・向上心の強い88歳の女性。要介護認定2。高齢により、足元がふらつくため、時折、杖を使用している以外は健常。

■**ニーズ**
自宅での入浴が不安となったためデイサービスを利用、入浴サービスも週2回受けているが、自宅ではシャワー浴を行いたい。既存の浴室は改造を行ったばかりであるが、段差があり、シャワーチェアーを使用すると出入口の戸も閉まらない状態でシャワー浴を行いづらいので何とかしたいという要望がある。

■**福祉用具**
シャワーチェアー（1カ月前より使用）。

■**住宅改修**
既存の浴室は、ユニットバスに取替えたばかりであり、改修もしづらいため、廊下の一部にある手洗いコーナーをシャワー浴室とすることにした。将来、車いす介助になっても使用できるよう配慮し、出入口は浴室3枚引戸を利用し、内部は防水仕様とし、1人でもシャワー浴ができる座位でのシャワーを導入した。余ったスペースには車いす使用の洗面器を設置した。座位でのシャワーには、既存の浴室で使用するつもりで購入したものの狭くて使用できなかったシャワーチェアーを使い、冬場の寒さを考え、浴室用暖房機を設置している。

■**改修後**
座位でのシャワーの操作が本人1人で可能かどうか懸念されたが、取扱説明書を自分で読み、使いこなすことができた。新しい設備に挑戦するのは頭も身体も使うので楽しいという言葉を聞くことができた。入浴サービス以外に自宅でのシャワー浴が自立し、娘も入浴介助の必要がなくなった。

浴室 ㉝ Bath Room
自立心を刺激する、洗面化粧台を設置する

■概算費用　40万円
■同居家族　夫。

■住居　木造2階建て住宅。2階には上がれず、1階のみで生活している。日常生活が送れるように、リフォームはすでに行っている。

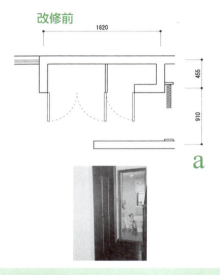

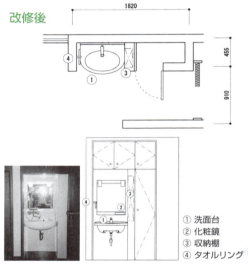

① 洗面台
② 化粧鏡
③ 収納棚
④ タオルリング

■身体状況等
脳梗塞。両側膝関節の変形性関節症。52歳の女性。要介護認定3。屋内外とも、自走型車いす。上肢は随意的に動かすことができる。

■ニーズ
発症からすでに数年経ち、住環境も整い、マンパワーもうまく組み込み、日常生活は通常に送っている。しかし、洗面化粧台が2階にあるため、本人は使用できず、洗面は1階のキッチンで、化粧鏡での身繕いはダイニングテーブルに鏡を置いて行っている。まだ若く身だしなみをきちんとするために、1階に洗面化粧台の設置を希望している。

■福祉用具
自走型車いす（数年前より使用）。

■住宅改修
まず、設置個所の検討から始まった。水廻りの近くで、車いす使用できるスペースのある所ということで、既存の収納スペースを利用しての設置となった。市販の「車いす用洗面化粧台」ではサイズが大きく、廊下にとびだしてきてしまい、廊下での車いす使用時の有効幅が確保できなくなるため、ひと回り小さい「洗面器」と「化粧鏡」の組み合わせとした。洗髪もできるようにシャンプー水栓を希望されていたが、唯一納まるサイズの「洗面器」には、シャンプー水栓のバリエーションがなく、壁付けで浴室用のシャワー水栓の設置となった。水はねを考え壁はキッチンパネルの仕上げとしている。

■改修後
分離して行っていた、洗面・身繕いが、一箇所で落ち着いてゆっくりと行うことができるようになった。合わせて、今まで介助を必要としていた洗髪が自立して行えることとなった。引き渡し直後に、脇に設置した化粧棚の中に嬉しそうに化粧品を運び、あれこれ整理をし始める本人の姿があった。「本人の自立心はできるだけ、尊重してあげたいと思っているので」と語っていた夫も、大変満足する結果となった。

トイレ① Toilet Room

便器へのアプローチと、手すり取り付け工事

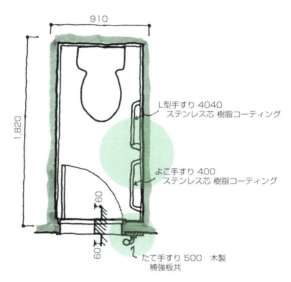

出入口段差箇所に縦手すり、便器へのアプローチのために横手すり、便器への着座と立ち上がりのためにL型手すりを、壁面に取り付けています。

工事のポイント

見積もり内容

総工事費	￥56,595（消費税別）	住宅改修告示（第 号）

・縦手すり（木製 l = 500）	1本	￥3,600	(1)
・取り付け費（木下地）	1本	￥5,000	(1)
・補強材取り付け（材工共）	1式	￥5,000	(6)
・横手すり（ステンレス芯樹脂コーティング製 l = 400）1本		￥7,750	(1)
・取り付け費（タイル下地）	1本	￥6,000	(1)
・L型手すり（ステンレス芯樹脂コーティング製 L = 400×400）			
	1本	￥15,100	(1)
・取り付け費（タイル下地）	1本	￥9,000	(1)
工事費小計		￥51,450	
諸経費（工事費の10％）		￥5,145	

●見積の横に記入している（ ）書きの番号は住宅改修告示番号です。対象外は「外」、用具は「用」と表記しています。
●用具に関しては貸与と購入があり、貸与は「用レンタル」と表記しています。

トイレ② Toilet Room

ドアの撤去と、シャワーカーテン、手すり取り付け工事

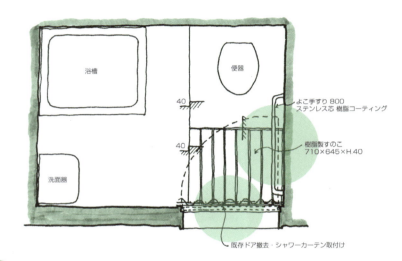

工事のポイント

開き戸を開けるとドアがぶつかるため、壁面に手すりを取り付けられません。ドアを撤去して壁面に手すりを取り付け、出入り口にはシャワーカーテンを取り付けています。
床の段差をなくすため、かびの生えにくい樹脂製のすのこを設置しています。

見積もり内容

				住宅改修告示（第　号）
総工事費		¥66,700（消費税別）		
・横手すり（ステレス芯樹脂コーティング製 l＝800）1本			¥12,300	(1)
・既存ドア撤去処分費		1式	¥3,000	(6)
・シャワーカーテン取り付け費（オーダー品レール取り付け共）				
		1式	¥9,400	(外)
・すのこ設置費（樹脂製　材工共）		1式	¥30,000	(外)
・取り付け費（コンクリート下地）		1本	¥6,000	(1)
工事費小計			¥60,700	
諸経費（工事費の10％）			¥6,000	

トイレ③ Toilet Room

ドアの吊り元替えと、手すり取り付け工事

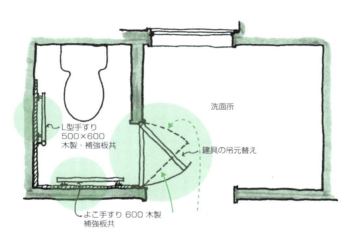

工事のポイント

ドアを開ける時、ドアの前を通り過ぎてからドアを開けることになります。ドアの吊り元を左から右に付け替えることで、トイレへのアプローチとドアの開閉を楽にしています。
便器へのアプローチ、着座と立ち上がり用に、壁面に手すりを2本取り付けています。

見積もり内容

				住宅改修告示 （第　号）
総工事費		¥57,640（消費税別）		
・ドア吊り元替え（補修共）	1式	¥13,000	(4)	(6)
・横手すり（木製 l=600)	1式	¥3,900		(1)
取り付け費（木下地）	1本	¥5,000		(1)
補強材取り付け費（材工共）	1式	¥7,000		(6)
・L型手すり（木製 L=500×600 曲がり材共）	1本	¥6,500		(1)
取り付け費（木下地）	1本	¥7,000		(1)
補強材取り付け費（材工共）	1式	¥10,000		(6)
工事費小計		¥52,400		
諸経費（消費税の10％）		¥5,240		

● 見積の横に記入している（　）書きの番号は住宅改修告示番号です。対象外は「外」、用具は「用」と表記しています。
● 用具に関しては貸与と購入があり、貸与は「用レンタル」と表記しています。

トイレ④ Toilet Room

出入口敷居撤去と、手すり取り付け工事

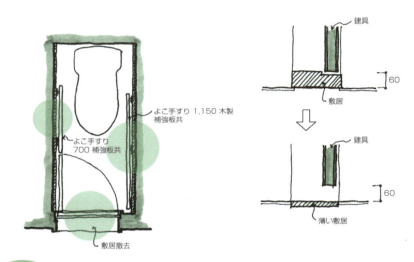

よこ手すり 1,150 木製 補強板共
よこ手すり 700 補強板共
敷居撤去
建具
敷居
60
建具
薄い敷居
60

工事のポイント

出入口に高さ60mmの敷居があり、つまずく危険があります。敷居を撤去し、薄いラワン材を床と平らにはめ込み段差をなくしています。建具の下部は約60mmの空きになっています。
壁面に横手すりを2本取り付けています。

見積もり内容

	総工事費	¥64,900（消費税別）		住宅改修告示（第 号）
・敷居撤去（ラワン材取り付け、材工塗装共）		1式	¥16,000	(2)
・横手すり（木製 l = 700）		1本	¥4,200	(1)
取り付け費（木下地）		1本	¥5,000	(1)
補強材取り付け費（材工共）		1式	¥7,000	(6)
・横手すり（木製 l = 1150）		1本	¥6,800	(1)
取り付け費（木下地）		1本	¥7,000	(1)
補強材取り付け費（材工共）		1式	¥11,000	(6)
ペーパーホルダー移設		1式	¥2,000	(6)
工事費小計			¥59,000	
諸経費（消費税の10%）			¥5,900	

トイレ⑤ Toilet Room

床段差解消と、補高便座設置工事

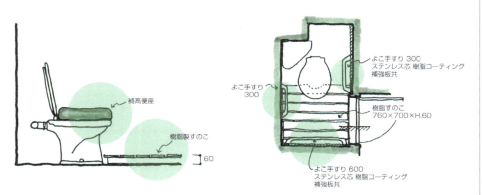

工事のポイント

廊下から60㎜下がっている床の段差を解消したいのですが賃貸住宅のため工事ができません。そのためすのこを設置して対応しました。すると、便座の高さが低くなりすぎるため、便器の上に補高便座を設置しています。

見積もり内容

			住宅改修告示 (第　号)
総工事費	￥128,300（消費税別）		
・すのこ設置（樹脂製2分割　材工共）	1式	￥46,000	(外)
・補高便座	1台	￥14,500	(用)
取り付け費	1式	￥3,000	(外)
・横手すり（ステンレス芯樹脂コーティング製 l＝600）	1本	￥8,500	(1)
取り付け費（木下地）	1本	￥5,000	(1)
補強材取り付け費（材工共）	1式	￥7,000	(6)
・横手すり（ステンレス芯樹脂コーティング製 l＝300）	1本	￥7,350	(1)
取り付け費（木下地）	1本	￥5,000	(1)
補強材取り付け費（材工共）	1式	￥7,000	(6)
・横手すり（ステンレス芯樹脂コーティング製 l＝300）	1本	￥7,350	(1)
取り付け費（コンクリート下地）	1本	￥6,000	(1)
工事費小計		￥116,700	
諸経費（工事費の10％）		￥11,600	

●見積の横に記入している（　）書きの番号は住宅改修告示番号です。対象外は「外」、用具は「用」と表記しています。
●用具に関しては貸与と購入があり、貸与は「用レンタル」と表記しています。

トイレ⑥ Toilet Room

間仕切りを撤去し、アコーディオンカーテンと手すり設置工事

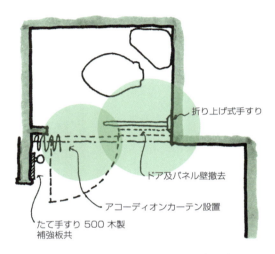

工事のポイント

トイレへの出入りをしやすくするため、洗面所との間のパーティション、ドアを撤去し、アコーディオンカーテンを設置しています。
移乗のための、折り上げ手すりを設置しています。介助の際は壁面に折り上げます。

見積もり内容

				住宅改修告示（第 号）
総工事費		￥158,620（消費税別）		
・パーティション、ドア撤去処分費	1式	￥15,000		(6)
・アコーディオンカーテン設置用木枠取り付け（壁補修共）	1式	￥9,000		(6)
・アコーディオンカーテン（オーダー品レール取り付け共）	1式	￥57,500		(4)
・縦手すり（木製　l＝500）	1本	￥3,600		(1)
取り付け費（木下地）	1本	￥5,000		(1)
補強材取り付け費（材工共）	1式	￥6,000		(6)
・折り上げ手すり（l＝550）	1本	￥42,120		(1)
取り付け費（コンクリート下地）	1本	￥6,000		(6)
工事費小計		￥144,220		
諸経費（工事費の10％）		￥14,400		

昇降便座設置工事

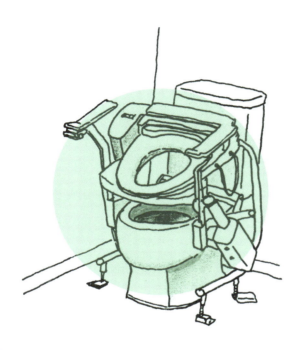

工事のポイント

便座への着座、立ち上がりを補助するため、便座に尻を当てながら便座を下に下げ着座、便座を上げながら立ち上がりが可能な昇降便座を設置しています。
出入口が狭いため、一度解体し、トイレ内で再組み立てしています。

見積もり内容

		総工事費	￥231,000（消費税別）	住宅改修告示 （第　号）
・昇降便座		1台	￥175,000	（用）
取り付け費（解体再組み立て、既存ウォシュレット取り外し再取り付け共）		1式	￥35,000	（外）
				（要確認自治体による）
工事費小計			￥210,000	
諸経費（工事費の10％）			￥21,000	

●見積の横に記入している（　）書きの番号は住宅改修告示番号です。対象外は「外」、用具は「用」と表記しています。
●用具に関しては貸与と購入があり、貸与は「用レンタル」と表記しています。

トイレ ⑧ Toilet Room

間仕切りを撤去し、便器下に補高台設置工事

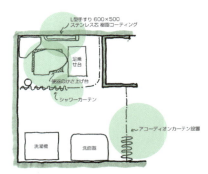

工事のポイント

車いすでアプローチするため、間仕切りパネル、ドアを撤去し、シャワーカーテン、アコーディオンカーテンを設置しています。
車いすから便器に横ずれで移乗しやすくするため、便器の下に台を設置し車いすの座面の高さに便器の高さをそろえています。同居者のためには足乗せ台を用意しています。

見積もり内容

			住宅改修告示（第　号）
総工事費	￥323,400（消費税別）		
・間仕切りパネル、ドア撤去処分費（2か所）	1式	￥30,000	(6)
・3方枠取り付け（壁補修、塗装　材工共）	1式	￥65,000	(6)
・シャワーカーテン取り付け（オーダー品曲がりカーテンレール取り付け共）			
	1式	￥19,000	(4)
・アコーディオンカーテン取り付け（オーダー品　取り付け共）			
	1式	￥52,900	(4)
・便器、タンク取り外し再取り付け費（給排水管切り回し、給排水接続共）			
	1式	￥48,000	(6)
・ウォシュレット取り外し再取り付け（リモコン移設共）	1式	￥15,000	(外)
・便器部分嵩上げ台（木製　OP仕上げ材工共）	1式	￥16,000	(2)
・足乗せ台（木製　OS仕上げ　材工共）	1式	￥24,000	(外)
・L型手すり（ステンレス芯樹脂コーティング製 L=600×500）			
	1本	￥15,100	(1)
取り付け費（コンクリート下地）	1本	￥9,000	(1)
工事費小計		￥294,000	
諸経費（工事費の10％）		￥29,400	

トイレ ⑨ Toilet Room

出入口ドアを引き戸に交換し、手すり取り付け工事

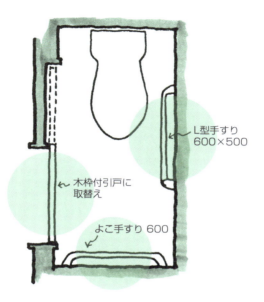

L型手すり 600×500

木枠付引戸に取替え

よこ手すり 600

工事のポイント

開閉動作のしづらいドアを市販品の引き戸に取り替えて、壁面に手すりを取り付けています。

見積もり内容

			住宅改修告示（第 号）
総工事費	¥276,600（消費税別）		
・解体、撤去処分費（ドア、床・壁一部）	1式	¥15,000	(6)
・木工事費（床補修、壁補修、ＶＣ貼り、塗装共）	1式	¥82,000	(6)
・建具工事費（木製片引き戸（木枠付）、取り付け共）	1式	¥136,000	(4)
・手すり工事（取り付け共）	1式	¥18,500	(1)
工事費小計		¥251,500	
諸経費（工事費の10％）		¥25,100	

●見積の横に記入している（ ）書きの番号は住宅改修告示番号です。対象外は「外」、用具は「用」と表記しています。
●用具に関しては貸与と購入があり、貸与は「用レンタル」と表記しています。

トイレ⑩ Toilet Room

和式トイレを洋式に変更
（開口幅拡張、トイレガード設置）工事

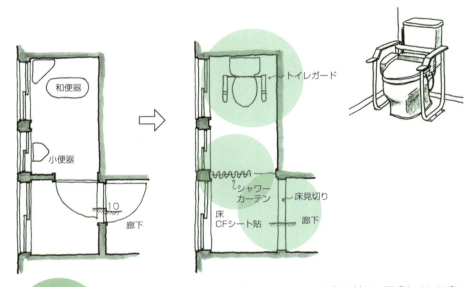

工事のポイント

袖壁を撤去、開口幅を広くしてカーテンを取り付け、洋式トイレに変えています。廊下との段差は床工事の際、解消しています。便器への移乗のためには、トイレガードを設置しています。

見積もり内容

			住宅改修告示（第　号）
総工事費	¥401,400（消費税別）		
・解体・撤去処分費（既存和便器、タンク、小便器、床、袖壁、ドア）	1式	¥30,000	(6)
・木工事費（床下地組、ＣＦ貼り、見切り材取り付け）	1式	¥60,000	(2)
・給排水工事費	1式	¥50,000	(6)
・設備費（便器、タンク取り付け共）	1式	¥177,100	(5)
・シャワーカーテン取り付け（オーダー品、カーテンレール取り付け共）	1式	¥9,400	(外)
・トイレガード（取り付け共）	1台	¥38,900	(1)
工事費小計		¥365,400	
諸経費（工事費の10％）		¥36,000	

間仕切り変更と、3枚引き戸設置工事

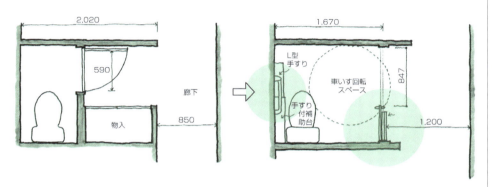

工事のポイント

自走用車いすで出入りし、便器へアプローチをするため、物入れ部分も取り込んで、間仕切りの位置を変え、トイレスペースを広くしています。出入口は、3枚上吊り引き戸として開口幅を広くし、壁面には便器への移乗用L型手すりと手すり付き補助棚を設置しています。

| 総工事費 | ¥470,800（消費税別） | 住宅改修告示（第　号） |

見積もり内容

・解体・撤去処分費（ドア、間仕切り壁、物入れ、壁・床一部撤去）
　　　　　　　　　　　　　　　　　　　　　　　1式　　¥40,000　　（6）
・木工事費（床下地組、フローリング貼り、下がり壁設置、壁コンパネ貼り、壁・天井クロス貼り、引き戸用三方木枠取り付け）　1式　¥146,000　（6）
・建具工事費（合板フラッシュ3枚引き戸、上吊り込み共）　1式　¥145,000　（4）
・手すり工事費（L型手すり1本、手すり付き補助棚　取り付け共）
　　　　　　　　　　　　　　　　　　　　　　　1式　　¥62,000　　（1）
・電気工事費（コンセント、スイッチ、非常ベル移設）1式　¥35,000　（外）

工事費小計　　　　　　　　　　　　　　　　　　　　¥428,000

諸経費（工事費の10％）　　　　　　　　　　　　　　¥42,800

●見積の横に記入している（　）書きの番号は住宅改修告示番号です。対象外は「外」、用具は「用」と表記しています。
●用具に関しては貸与と購入があり、貸与は「用レンタル」と表記しています。

トイレ⑫ Toilet Room

和式トイレを洋式トイレに変更（スペース拡張）工事

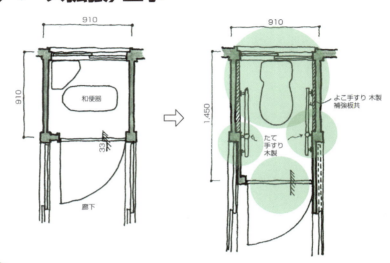

工事のポイント

半帖のスペースに洋式便器を設置すると、便器をどの位置に設置しても、便器への着座、立ち上がりの際、頭や膝がドアや壁にぶつかります。トイレ出入口を450mm廊下側にずらし、トイレスペースを拡張して、洋式トイレに変えています。

見積もり内容

		総工事費	¥504,900（消費税別）	住宅改修告示（第 号）
・解体・撤去処分費（既存和便器、タンク、床、袖壁、ドア、廊下床一部、障子）		1式	¥50,000	(6)
・木工事費（床下地組、CFシート貼り、新規パネル立て、三方木枠、下枠取り付け）		1式	¥65,000	(6)
・建具工事費（フラッシュ戸、吊り込み共）		1式	¥60,000	(外)
・手すり工事費（手すり4本取り付け共）		1式	¥37,800	(1)
・給排水工事費		1式	¥34,000	(6)
・設備費（便器、タンク、ウォシュレット、取り付け共）		1式	¥186,100	(5)
・電気工事費（照明スイッチ移設、コンセント設置）		1式	¥27,000	(外)
工事費小計			¥459,900	
諸経費（工事費の10%）			¥45,000	

トイレ⑬ Toilet Room

和式トイレを洋式トイレに変更 (出入口幅拡張) 工事

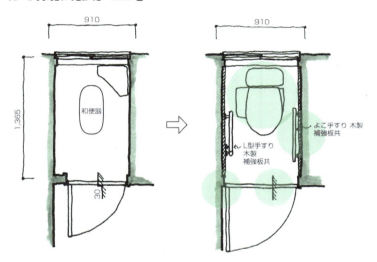

工事のポイント

歩行器でのアプローチのため、廊下床との段差をなくし、袖壁を撤去して開口幅を広くし、洋式トイレにリフォームしています。

見積もり内容

総工事費		¥460,000（消費税別）	住宅改修告示（第　号）
・解体・撤去処分費（既存和便器、タンク、床、壁タイル、袖壁、ドア）			
	1式	¥50,000	(6)
・木工事費（床下地組、CFシート貼り、壁化粧合板貼り床より300、木枠取り付け）			
	1式	¥45,000	(2)
・建具工事費（フラッシュ戸、吊り込み共）	1式	¥60,000	(外)
・手すり工事費（手すり2本取り付け共）	1式	¥31,200	(1)
・給排水工事費	1式	¥34,000	(6)
・設備費（便器、タンク、ウォシュレット、ペーパーホルダー）			
	1式	¥180,000	(5)
・電気工事費（コンセント設置）	1式	¥18,000	(外)
工事費小計		¥418,200	
諸経費（工事費の10%）	1式	¥41,800	

● 見積もりの横に記入している（　）書きの番号は住宅改修告示番号です。対象外は「外」、用具は「用」と表記しています。
● 用具に関しては貸与と購入があり、貸与は「用レンタル」と表記しています。

トイレ⑭ Toilet Room

押入に洋式トイレを新設工事

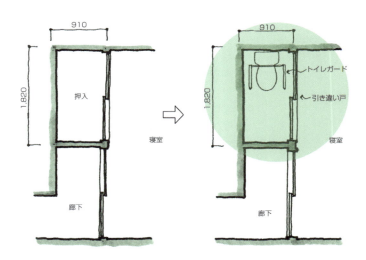

工事のポイント

寝室から直接トイレへ出入りできるよう、押入部分を洋式トイレに変更しています。
出入口は引き違い戸とし、Vレールを埋め込み段差をなくしています。

見積もり内容

総工事費		￥729,300（消費税別）	住宅改修告示（第　号）
・解体・撤去処分費（押入、床、敷居、襖）	1式	￥37,000	（外）
・木工事費（壁合板下地ビニールクロス貼り、床下地組フローリング貼り、天井組PB下地ビニールクロス貼り、出入り口三方枠取り付け、Vレール埋め込み）			
	1式	￥126,000	（外）
・塗装工事費	1式	￥20,000	（外）
・建具工事費（合板フラッシュ戸、吊り込み共）	1式	￥106,000	（外）
・給排水工事費	1式	￥150,000	（外）
・設備機器費（便器、タンク、暖房便座）	1式	￥119,000	（外）
・電気工事費（コンセント、スイッチ設置、照明器具取り付け）			
	1式	￥45,000	（外）
・トイレガード設置（取り付け共）	1式	￥60,000	（1）
工事費小計		￥663,000	
諸経費（工事費の10％）		￥66,300	

トイレ⑮ Toilet Room

間仕切り壁を撤去し、洗面所とトイレをワンルームに変更工事

排泄

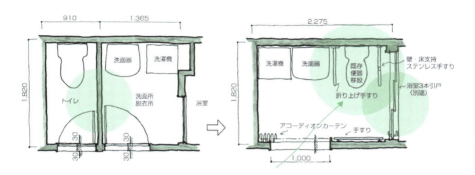

工事のポイント

車いすで使用できるように、洗面所との間の壁を撤去し、ワンルームとして、洗濯機、洗面器、便器を使いやすく配置しています。
出入口にはアコーディオンカーテンを設置し、開口幅を広くし、移乗用に手すりを2本設置しています。

見積もり内容

| 総工事費 | ¥913,820（消費税別） | 住宅改修告示
（第　号） |

・解体・撤去費（便器一時取り外し、床、間仕切り壁、天井、敷居、ドア）
　　　　　　　　　　　　　1式　　¥107,000　　　一部（6）
・木工事費（壁合板下地ビニールクロス貼り、床下地組ＣＦ貼り、天井組ＰＢ下地ビニールクロス貼り、出入り口三方枠取り付け）　1式　　¥197,000　　　一部（6）
・アコーディオンカーテン工事費（取り付け共）　1式　　¥40,000　　　（4）
・塗装工事費　　　　　　　　　　　　　　　　1式　　¥20,000　　　（外）
・給排水工事費　　　　　　　　　　　　　　　1式　　¥145,000　　　（外）
・設備機器費（洗面化粧台、タオル掛け化粧ケース）1式　　¥188,500　　　（外）
・電気工事費（コンセント、スイッチ設置、照明器具取り付け）
　　　　　　　　　　　　　1式　　¥35,000　　　（外）
・手すり工事（T型手すり、折り上げ式手すり、木製横手すり、取り付け共）
　　　　　　　　　　　　　1式　　¥98,320　　　（1）

工事費小計　　　　　　　　　　　　　　　　　¥830,820

諸経費（工事費の10％）　　　　　　　　　　　¥83,000

●見積の横に記入している（　）書きの番号は住宅改修告示番号です。対象外は「外」、用具は「用」と表記しています。
●用具に関しては貸与と購入があり、貸与は「用レンタル」と表記しています。

トイレ ⑯ Toilet Room

和式トイレを洋式トイレに変更（廊下取り込み）工事

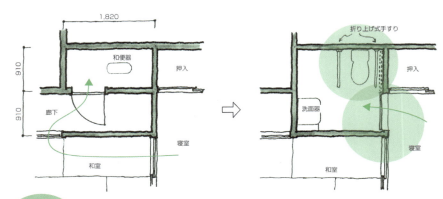

工事のポイント

車いすでのアプローチのため、廊下部分を取り込み、スペースを広くし、寝室から直接出入りできるように、寝室との間の壁を撤去して、引き戸を設置しています。
移乗用に、介助スペースを想定して折り上げ式手すりを設置、洗面器は車いす用を設置しています。

見積もり内容

| 総工事費 | ￥1,284,240（消費税別） | 住宅改修告示（第　号） |

- 解体・撤去処分費（既存便器、タンク、床、外壁・廊下・天井・壁一部、ドア）
  　　　　　　　　　　　　　　　　　　　　　　1式　￥78,000　一部 (6)
- 木工事費（壁軸組、床下地組、合板下地、ビニールクロス貼り、窓枠、天井組、ＰＢ下地、ビニールクロス貼り、Ｖレール取り付け）　1式　￥136,000　一部 (6)
- 建具工事費（取り付け共）　　　　　　　　　　1式　￥70,000　　　(4)
- 塗装工事費　　　　　　　　　　　　　　　　　1式　￥20,000
- 給排水工事費　　　　　　　　　　　　　　　　1式　￥81,000　一部 (6)
- 電気工事費（照明器具用配線、スイッチ共、照明器具取り付け）
  　　　　　　　　　　　　　　　　　　　　　　1式　￥27,000　一部 (6)
- 設備機器（温水洗浄便座一体型便器、洗面器）　1式　￥657,300　一部 (5)
- 手すり工事（折り上げ式手すり、取り付け共）　1式　￥98,240　　　(1)

工事費小計　　　　　　　　　　　　　　　　　　　￥1167,540

諸経費（工事費の10％）　　　　　　　　　　　　　￥116,700

トイレ⑰ Toilet Room

和式トイレを洋式トイレに変更（押入取り込み）工事

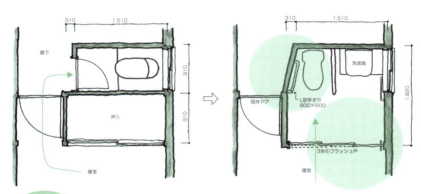

工事のポイント

寝室から車いすで直接出入りできるように、トイレと寝室の間の1帖の押入を既存トイレに取り込んで広くし、洋式トイレに変更しています。出入口は3枚引き戸、移乗用に手すり2本取り付け、車いす用洗面器を設置しています。

見積もり内容

| 総工事費 | ￥1,399,600（消費税別） | 住宅改修告示（第　号） |

- 解体、撤去処分費（既存和便器、タンク、床、間仕切り壁・天井・敷居、ドア、襖）
　　　　　　　　　　　　　　　　　　1式　￥76,000　　一部（6）
- 木工事費（壁軸組合板下地ビニールクロス貼り、床下地組断熱材入れ合板下地フローリング貼り、天井組ＰＢ下地ビニールクロス貼り、出入り口三方枠取り付けＶレール取り付け）
　　　　　　　　　　　　　　　　　　1式　￥266,800　一部（6）
- 建具工事費（3枚引き戸、取り付け共）　1式　￥180,000　　　（4）
- 塗装工事費　　　　　　　　　　　　　1式　￥18,000　　一部（6）
- 給排水工事費　　　　　　　　　　　　1式　￥173,000　　一部（6）
- 電気工事費（配線改修、コンセント、スイッチ設置、照明器具取り付け）
　　　　　　　　　　　　　　　　　　1式　￥35,000　　一部（6）
- 設備機器（便器、タンク、洗面台、洗面器、タオル掛け、ペーパーホルダー）
　　　　　　　　　　　　　　　　　　1式　￥454,600　　一部（5）
- 手すり工事（壁床取り付け手すり、L型手すり、取り付け共）
　　　　　　　　　　　　　　　　　　1式　￥69,000　　　　（1）

工事費小計　　　　　　　　　　　　　　￥1,272,400

諸経費（工事費の10％）　　　　　　　　￥127,200

- 見積の横に記入している（　）書きの番号は住宅改修告示番号です。対象外は「外」、用具は「用」と表記しています。
- 用具に関しては貸与と購入があり、貸与は「用レンタル」と表記しています。

トイレ⑱ Toilet Room

間仕切りを撤去し、トイレと洗面所をワンルームに変更

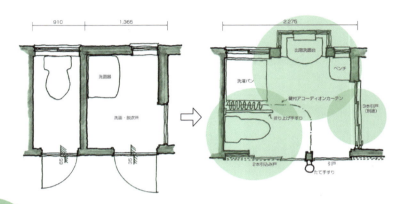

工事のポイント

排泄介助ができるよう、洗面所との間仕切り壁を撤去してスペースを広くし、出入口を3枚引き戸とし、開口幅を広くしています。
家族の使用のため、脱衣所とは鍵付きアコーディオンカーテンで間仕切り、必要に応じて開閉します。

見積もり内容

総工事費　　　　￥1,799,380（消費税別）　住宅改修告示（第　号）

- 解体、撤去処分費（便器、タンク、洗面台、間仕切り壁、天井、床、外壁一部、ドア）
  1式　￥114,000　一部(6)
- 木工事費（壁合板下地ビニールクロス貼り、床下地組CF貼り、天井組PB下地外壁補修、ベンチ）
  1式　￥328,000　一部(6)
- アルミサッシ工事費（額縁、取り付け一共）　1式　￥135,000　(外)
- アコーディオンカーテン工事費（取り付け共）　1式　￥127,300　(4)
- 塗装工事費　1式　￥15,000　一部(6)
- 建具工事費（ポリ合板フラッシュ戸、3枚、1枚、吊り込み共）
  1式　￥252,000　(4)
- 給排水工事費　1式　￥160,000　一部(6)
- 設備機器費（便器、タンク、防水パン、出窓洗面台）1式　￥407,600　(外)
- 電気工事費（コンセント、スイッチ設置照明器具取り付け）
  1式　￥45,000　一部(6)
- 手すり工事費（手すり2本、取り付け共）　1式　￥51,900　(1)

工事費小計　　　　　　　　　　　　　　￥1,635,800

諸経費（工事費の10％）　　　　　　　　￥163,580

トイレ⑲ Toilet Room
和式から洋式へ。

■**概算費用** 4万円
■**同居家族** 独居。
■**住居** 木造賃貸アパート。

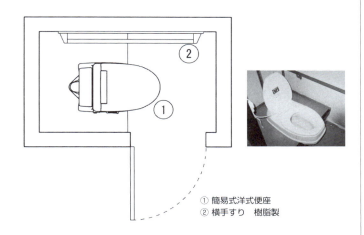

① 簡易式洋式便座
② 横手すり　樹脂製

■**身体状況等**
日常生活動作は自立している独居の女性77歳。要介護認定2。十数年前に肺結核を患い、肋骨を切除しているが、近年、痛みを感じるようになり、しゃがむ動作が困難となってきている。

■**ニーズ**
トイレが汽車式の和便器であり、しゃがむ動作の際、胸に痛みが走り、和便器での排泄が困難であり、洋式便器に変えたい希望がある。

■**福祉用具**
簡易式洋式便座。
本来、洋式便器への取り替えを行いたいが、賃貸住宅であり便器の交換が認められないため、退去時には現状復帰が可能な福祉用具での対応となった。

■**住宅改修**
賃貸アパートでの居住条件として、退出時には撤去し現状復帰するということで手すりの設置は認められていなかったため、便座での姿勢保持のため、横手すりの設置を行った。排泄時に時間を要するため、壁にもたれかかる姿勢をとっており、手すりの形状は平型にし、肘をのせて体重をかけて、もたれられるように考慮した。

■**改修後**
和便器でのしゃがみ姿勢では、胸に痛みが出るため、時間をかけることができなかったが、座位となったことで排泄のしやすさと楽な姿勢がとれるため、排泄が億劫でなくなった。賃貸アパート居住では、何もできないとあきらめていたが、生活の継続が可能になった。

トイレ ⑳ Toilet Room
自立できるトイレ周り。

■概算費用 40万円
■同居家族 夫、娘、母親。
■住居 木造2階建て住宅。持ち家。浴室・トイレ・食堂は1階。寝室および居室が2階。

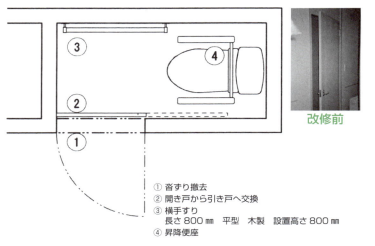

① 沓ずり撤去
② 開き戸から引き戸へ交換
③ 横手すり
　長さ800㎜　平型　木製　設置高さ800㎜
④ 昇降便座

改修前　　改修後

■身体状況等
53歳の女性。要介護認定3。筋萎縮性側索硬化症を患っている。両足の筋力低下が著しい。現在、屋内は伝い歩き。屋外は車いす。進行が進んでおり、段差のまたぎ、立ち上がりが日々困難となってきている。

■ニーズ
日々動作能力が落ちてきている中、早目に住環境を整備することにより、できるだけ長く、自立した生活を送りたいと本人は望んでいる。特に排泄はできる限り自立したいという要望が強く、近い将来まで配慮しておきたいと望んでいる。

■福祉用具
昇降便座。

■住宅改修
出入口のまたぎ段差75㎜を、筋力の低下した足で乗り越えるのが困難であったため、これを撤去し廊下からの段差を解消した。また、既存の開き戸では、開閉操作の際身体も一緒に持っていかれてしまうため、開閉に不自由を感じていた。開き戸を引き戸に交換した。立ち上がりのために昇降便座を使用したが、立ち上がり後の立位保持の補助として、横の手すりを設置した。手すりの形状は、握り動作が困難となってくるため、手のひらをついての移動ができるよう、平型とした。

■改修後
日々、生活動作が低下しているのを実感し、不安を抱いていたが、先を見越してこれらの福祉用具導入および住宅改修を行ったことにより、排泄に要する一連の動作が、将来、動作能力が落ちてきても、介助なしですることができる見通しがつき、安心して日々生活できるようになった。

トイレ㉑ Toilet Room
手すりを使い、車いすから便座へ。

▎**概算費用** 4万円
▎**同居家族** 夫。

▎**住居** 分譲マンション7階。住居内は浴室以外に段差はない。入口に段差があるが自製のスロープにて対応している。

① 横手すり
　長さ300㎜　径35㎜　木製
　設置高さ750㎜（上端）
② 縦手すり
　長さ600㎜　径35㎜　木製×2
　設置高さ1250㎜（上端）補強版取り付け
③ 縦手すり
　長さ600㎜　径35㎜　木製
　設置高さ1250㎜（上端）補強版取り付け

排泄

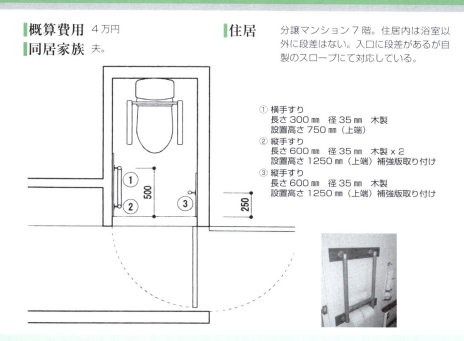

▎**身体状況等**
70代の女性、要介護認定5。毎日散歩、買い物をするほど、健常であったが、数日歩くのが億劫に感じるようになり、その後、朝突然起き上がることができなくなった。加齢による腰椎圧迫骨折と診断され、左側麻痺状態。右側は健常であるが、車いすの生活となった。

▎**ニーズ**
車いすから便座への移乗が、本人・介助者にとって負担が大きいため、少しでも緩和したい。今のままでは、負担が大き過ぎ、夫の介助も不可能になってきている。他人の介助なしに便座への移乗を可能としたいと望んでいる。

▎**福祉用具**
介助型車いす（4カ月前より使用）。

▎**住宅改修**
PT立会いのもと、開口部を広げ、車いすを便座に寄せる方法も検討したが、右手の握力が残っているので、介助を受けての移乗にて進めることとなった。車いすは入口までしか寄せられないため、間に介助者が入って体を支え、移乗する形となる。当初は、便座側の縦手すりのみの設置であったが、何度か利用後、車いすからの立ち上がりの際にも手すりが必要であることが判明。便座側の手すりでは遠すぎるとのことで、入口側にも縦手すりを設置。縦手すり間の移動の際に身体が不安定になるため、横手すりを設置、最終的にH型の手すりとなった。

▎**改修後**
身体が不安定になることに、大きな恐怖心を持っていたが、手すりを使うことで、それが解消できたので安心して移乗ができるようになり、介助者にとっても介助が楽になった。

トイレ ㉒ Toilet Room
自立に向け、トイレをワンルームに。

■**概算費用** 120万円
■**同居家族** 夫、娘。

■**住居** 分譲マンションの1階。屋内は浴室以外、段差のない状態で整備されている。

① 便器 （ウォシュレット付）
② 洗面
③ 水栓 （サーモ付自動水栓）
④ 鏡
⑤ 照明
⑥ 壁・天井仕上げ材　ビニールクロス貼
⑦ 床仕上げ材　CFシート貼
⑧ 特注手すり
⑨ 棚板＋ダボレール
⑩ 便座かさ上げ　タモ集成材　ウレタン塗装
⑪ 手すり取り付け下地補強
⑫ 洗面器・棚板取り付け下地補強
⑬ 巾木　ラワン材　ア6　巾60
⑭ 廻り縁　ラワン材　10角

■**身体状況等**
慢性関節リウマチを患っている40歳代後半の女性。要介護認定4。上肢、下肢に変形があり、屋内外ともに車いす移動。屋内では、介助型車いすのフットレストを取り外して、足で蹴って移動を行っている。

■**ニーズ**
限られたスペースにおいて、本人の能力を生かし、できる限り自立した生活を送っていきたいという強い願いから、改修を希望された。特にトイレでの排泄の自立が求められた。

■**福祉用具**
介助型車いす（1カ月前より使用）。

■**住宅改修**
トイレと洗面所の境の間仕切壁と建具を撤去し、ワンルームとし、車いすでの利用を可能とした。改造前は、洗面所の入口はオープンであったが、建具を新設して、プライバシーを確保した。便器は壁面からの出幅の少ない新しいタイプの便器を導入し、便器の前面にゆとりをとった。便座の高さは車いす座面と同じ470㎜の高さを得るため、便器の下部に50㎜の木製の台をかませている。便器の前面壁には、前腕で身体を支えるための台を設置し、移乗の際に活用している。家族のトイレ使用時には邪魔になるため、折りたたみの金具を使用した。取り付けのための下地補強は、室内2面は壁より900㎜まで、1面は床より1800㎜を15㎜の合板で補強した上にクロス貼を行い、将来の手すり追加に備えている。洗面台は、車いすで使用可能な洗面器に取り替え、水栓金具は、オート式とした。化粧鏡も既製品の収納付は、手が届かないため、鏡は洗面器上端から床上1700㎜までとし、小物の棚を左側に4段設置、下部は本人用、上部は家族用とした。照明用スイッチ、コンセントも使用しやすい床上1000㎜に移設した。

■**改修後**
洗面、排泄行為は完全に自立し、マンションの限られたスペースも有効に使用できるようになった。

トイレ㉓ Toilet Room
ドアをレバー式にする。

■**概算費用** 73万円
■**同居家族** 夫、息子夫婦、孫（2歳）。

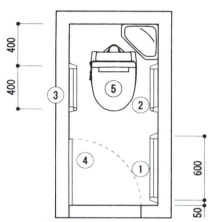

■**住居** 木造2階建て住宅。持ち家。1階に浴室、家族の個室、2階に本人の寝室、居間、台所、トイレ。

① 横手すり
　長さ600㎜　径30㎜　樹脂製
　設置高さFL＋800㎜
② L型手すり
　縦600㎜＋横400㎜　径30㎜　樹脂製
　設置高さFL＋550㎜　補強板取り付け
③ L型手すり
　縦600㎜＋横400㎜　径30㎜　樹脂製
　設置高さFL＋550㎜　補強板取り付け
④ 扉ハンドル交換
⑤ 洗浄便座設置
⑥ その他　水栓金具 取り替え（3カ所）
　　　　　浴室出入口 折戸に交換
　　　　　手すり（寝室、階段、居室等）

排泄

■**身体状況等**
パーキンソン病の65歳、女性。要介護認定1。発症後数カ月で症状は軽く、右手の筋力がやや落ちている程度。日によってはふらつきがある。

■**ニーズ**
本人の発病を機に、嫁が介護保険を利用し少しでも住居内を安全に、かつ本人に使いやすくなるよう整備し、今後の病気の進行に備えたいという提案をした。本人は介護保険で住宅改修ができることも知らず、自分が利用することになるとは思ってもいなかった。住宅改修をするために介護保険の認定を受けた。

■**福祉用具**
なし。

■**住宅改修**
玄関の外に外階段があり、2階に主な居室があるため、寝室から水回り、階段など生活の主たる動線上に手すりを設置した。また、トイレにも手すりを設置、入口のドアは握り玉から開閉しやすいレバーハンドルに交換、洗浄便座も設置した。浴室内にも手すりを設置し、握り玉の開き戸を折戸に交換した。さらに、台所、洗面所、浴室など全ての水栓金具をレバー式水洗金具に交換した。

■**改修後**
これらの改修により、少しずつ身体能力が低下しているにもかかわらず、安心して従来どおりの自立した生活を送っている。また、健康である夫も手すりやレバー式の水栓が便利で重宝していると喜ばれている。何より住宅改修を提案した息子夫婦は転勤などで、何時また両親と離れて暮らすことになるかわからないが一安心である。最終的には介護保険の枠を越えた改修となったが、介護保険の住宅改修がきっかけとなり、安心して生活できるようになった。

トイレ ㉔ Toilet Room
寝室からトイレへの移動をスムーズにする

■ **概算費用** 95万円
■ **同居家族** 娘55歳、孫19歳。
■ **住居** 木造2階建て。2世帯住宅の1階に居住。持ち家。

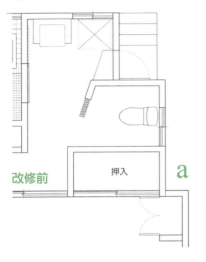
改修前／改修後

① 襖・敷居撤去　3本引き戸取り付け
② 壁面撤去
③ 袖壁撤去
④ 手洗器
⑤ 手すり（可動式）取り付け

■ **身体状況等**
身長153cm、体重68kgの78歳の女性。要介護認定2。日常、居間のいすに腰を下ろしてTVを見る生活をしており、家事も娘任せであるため、体重も重く、膝への負担から痛みもあり、ますます動こうとしなくなっている。トイレへの移動は、伝い歩きで何とか自立しているが、徐々に娘に頼るようになっている。

■ **ニーズ**
娘も健康に不安を持っているため、何とか母親に自立をしてほしいと願っているが、永年のわがままな生活は変えられず、伝い歩きが可能な時期に本人が移動しやすいような環境に変えておくことで、少しでも機能低下を遅らせたいと望んでいる。娘としては特に夜間の排泄を自立させたいと、トイレの改修を望んでいる。

■ **福祉用具**
自走型車いす（改修工事中、14日間ショートステイの利用をしたが、その間車いす使用での移動を主としたため、伝い歩きを拒否するようになってしまい、改修後、購入している）。

■ **住宅改修**
既存のトイレは寝室に近隣しているものの、押入をはさんでおり、一度廊下に出てからの使用となっているため、押入もスペースに取り込んで直接寝室から往き来できるように考えた。洗面台も廊下にあるため、使いづらく、トイレのスペースが拡がったのを機に車いす対応の洗面器を新設した。寝室からの出入りには2本の引き込み戸とし有効開口幅900mmを確保、ベッドの配置をトイレに近づけることで、数歩で便座に座れるよう配慮した。夜間使用には、センサー付照明器具で対応している。

■ **改修後**
ショートステイからの退所後、車いす使用となったが、そこまで見越した改修を行ってあったことで対応可能であった。便座への移乗が可能になるには娘の介助、見守りで数日要したが、結果、夜間の排泄が自立し、娘は夜間呼び出しブザーで起こされることもなくなった。

居室① *Living Room*

開口部に半柱を立て、手すり取り付け工事

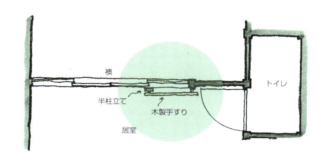

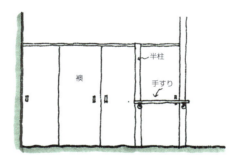

工事のポイント

手すりを取り付けたい場所が4枚引き違い襖のため、手すりを取り付けることができません。柱を縦半分に割った半柱を4枚引き違い戸の居室側の床と鴨居に固定し、そこに手すりのブラケットを取り付けています。

見積もり内容

				住宅改修告示 （第　号）
総工事費		¥27,500（消費税別）		
・手すり（木製、l＝700）	1本	¥5,000		(1)
取り付け費（木下地）	1式	¥5,000		(1)
・半柱取り付け（材工共）	1式	¥15,000		(6)
工事費小計		¥25,000		
諸経費（工事費の10％）	1式	¥2,500		

●見積の横に記入している（　）書きの番号は住宅改修告示番号です。対象外は「外」、用具は「用」と表記しています。
●用具に関しては貸与と購入があり、貸与は「用レンタル」と表記しています。

居室② *Living Room*

球状ドアノブを
レバーハンドルに交換工事

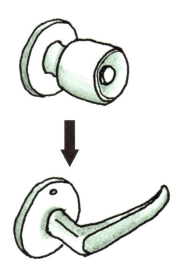

**工事の
ポイント**

既存ドアノブは球状で、操作しにくいため、取り替え用のレバーハンドルに交換しています。

**見積もり
内容**

総工事費	¥11,730（消費税別）		住宅改修告示（第　号）
・既存ドアノブ撤去費	2か所	¥4,730	(6)
・レバーハンドル（交換用）	1セット	¥21,000	(4)
取り付け費	1式	¥6,000	(4)
工事費小計		¥10,730	
諸経費（工事の10％）	1式	¥1,000	

居室③ Living Room

手すり4本取り付け工事

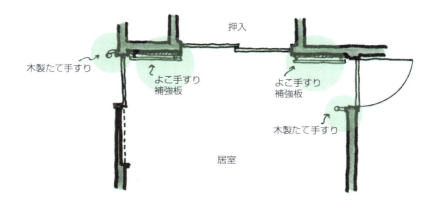

**工事の
ポイント**

建具の開閉時、動作が不安定なため片手でしっかりつかまれる手すりを4本取り付けています。しっかりとした下地のないところには、補強板を構造材に取り付けたうえ、その板に手すり用ブラケットを取り付け、手すりを設置しています。

**見積もり
内容**

	総工事費	¥56,100（消費税別）			住宅改修告示 （第　号）
・横手すり（木製、35φ、l＝620）			1本	¥5,000	(1)
取り付け費（木下地）			1本	¥5,000	(1)
補強材取り付け費（材工共）			1式	¥7,000	(6)
・縦手すり（木製、35φ、l＝500）			2本	¥7,000	(1)
取り付け費（木下地）			2本	¥10,000	(1)
・横手すり（木製、35φ、l＝800）			1本	¥5,000	(1)
取り付け費（木下地）			1本	¥5,000	(1)
補強材取り付け費（材工共）			1式	¥7,000	(6)
工事費小計				¥51,000	
諸経費（消費税の10％）			1式	¥5,100	

●見積の横に記入している（　）書きの番号は住宅改修告示番号です。対象外は「外」、用具は「用」と表記しています。
●用具に関しては貸与と購入があり、貸与は「用レンタル」と表記しています。

居室 ④ Living Room

テラス出入口にスロープ設置工事

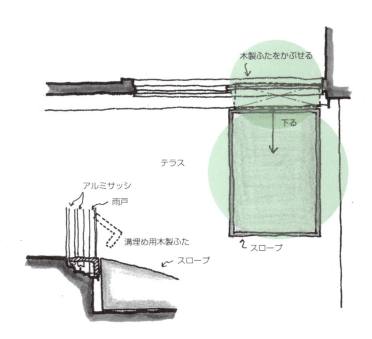

工事のポイント

テラスに車いすで出入りするため、上面にすべり止めシート貼りの木製スロープを設置しています。スロープは常時設置したままですが、サッシと雨戸の溝には取り外し式のふたを設けて、通行のときに被せます。

見積もり内容

総工事費	¥66,000（消費税別）		住宅改修告示（第　号）
・スロープ台（木製、材工共）取り付け		1式	¥60,000	(2)
工事費小計			¥60,000
諸経費（消費税の10％）		1式	¥6,000

居室⑤ *Living Room*

柱立てのうえ、取り外し式手すり取り付け工事

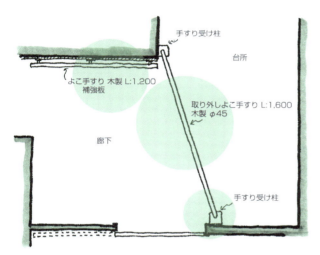

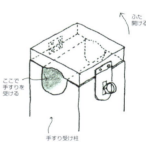

※長さ2000mmまでは取外し可能な手すりとブラケットを利用することができる。

工事のポイント

手すりを取り付ける壁面のない広い空間の両側に高さ700㎜の柱を立て、45㎜φの太い手すりをのせています。キッチンへの家族の出入りのため手すりを外せるよう、柱の上面を彫り込み、手すりを食い込ませ、蓋で固定しています。

見積もり内容

	総工事費	¥87,780（消費税別）		住宅改修告示 （第　号）
・横手すり（木製、45φ、l=1600）		1本	¥20,000	(1)
受け柱（両端、蓋金物共）		1式	¥25,000	(6)
・横手すり（木製、35φ、l=1200）		1本	¥7,800	(1)
取り付け費（木下地）		1本	¥12,000	(1)
補強材取り付け（材工共）		1式	¥15,000	(6)
工事費小計			¥79,800	
諸経費（工事費の10%）			¥7,980	

● 見積の横に記入している（　）書きの番号は住宅改修告示番号です。対象外は「外」、用具は「用」と表記しています。
● 用具に関しては貸与と購入があり、貸与は「用レンタル」と表記しています。

居室⑥ Living Room

襖を撤去し、手すり取り付け工事

寝室

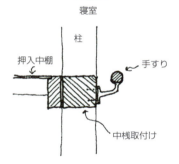

※長さ2000mmまでは取外し可能な手すりとブラケットを利用することができる。

工事の
ポイント

押入れの襖のため、伝い歩き用手すりが取り付けられません。襖を撤去し、中棚の前面に中桟を取り付け、そこに手すり用ブラケットを取り付け、手すりを設置しています。

見積もり
内容

総工事費		¥71,500（消費税別）	住宅改修告示 （第　号）
・既存襖撤去処分費（襖4枚）	1式	¥8,000	(6)
・中桟取り付け（材工共）	1式	¥20,000	(6)
・横手すり（木製、35φ、l＝3600、エンドキャップ共）			
	1本	¥24,000	(1)
取り付け費（ブラケット6か所）	1本	¥13,000	(1)
工事費小計		¥65,000	
諸経費（消費税の10％）	1式	¥6,500	

居室⑦ Living Room

敷居撤去、V溝レール埋め込み、ゴムスロープ設置工事

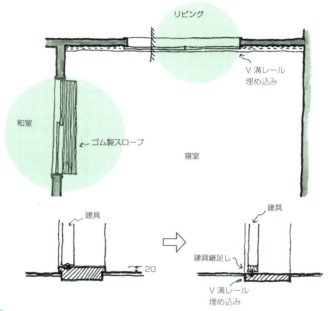

工事のポイント

自走用車いす使用のため、引き分け戸下の20㎜の敷居を撤去し、V溝レールを埋め込んだ敷居を埋め込み、段差解消しています。和室との段差箇所には、ゴム製のスロープを設置しています。

見積もり内容

			住宅改修告示（第 号）
総工事費	￥127,600（消費税別）		
・引き分け戸の敷居、撤去処分費	1式	￥32,000	(2)
・V溝レール埋め込み（薄板取り付け、補修共）	1式	￥25,000	(2)
・建具継ぎ足し、戸車取り付け（吊り込み調整共）	1式	￥27,000	(2)
・新規木部塗装	1式	￥9,000	(6)
・ゴムスロープ取り付け（高さ45、材工共）	1式	￥23,000	(2)
工事費小計		￥116,000	
諸経費（工事費の10%）		￥11,600	

●見積の横に記入している（　）書きの番号は住宅改修告示番号です。対象外は「外」、用具は「用」と表記しています。
●用具に関しては貸与と購入があり、貸与は「用レンタル」と表記しています。

居室 ⑧ Living Room

襖を2段に作り替えて、手すり取り付け工事

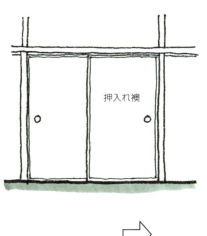

押入れ襖

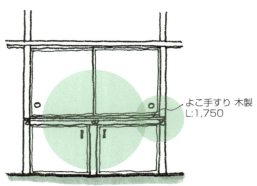

※長さ2000mmまでは取外し可能な手すりとブラケットを利用すれば、ここまでの工事をする必要はなくなる。

よこ手すり 木製
L:1,750

工事のポイント

押入の襖の前には、手すりが付けられません。襖を上下2段に作り替えて、中段に角材を取り付け、そこに手すり用ブラケットを取り付け、伝い歩き用手すりを設置しています。

見積もり内容

				住宅改修告示 （第　号）
総工事費		¥127,820（消費税別）		
・既存襖撤去処分費（襖2枚）	1式	¥4,000		(6)
・角材取り付け（中鴨居、敷居取り付け、材工共）	1式	¥45,000		(6)
・襖新規（上、下各2枚、オーダー品、取り付け調整共）	1式	¥50,200		(外)
・横手すり（木製、35φ、l＝1750）	1本	¥10,000		(1)
取り付け費（木下地）	1本	¥7,000		(1)
工事費小計		¥116,200		
諸経費（工事費の10%）		¥11,620		

居室⑨ Living Room

建具下枠を撤去し、Vレール埋め込み工事

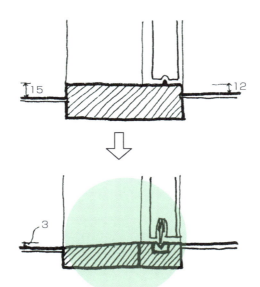

工事のポイント

見積もり内容

出入り口引き戸の下枠に段差があります。下枠を撤去し、床板カットのうえ、下地を組み、薄い材を埋め込み、段差の出来ないVレールを埋め込んでいます。建具は既存品再利用のため、枠で寸法調整しています。

			住宅改修告示
総工事費	￥168,300（消費税別）		（第　号）
・解体、撤去処分費（引き戸下枠、床板）	1式	￥28,000	(6)
・木工事費（床板カット、下地組、薄板取り付け、Vレール、戸車取り付け、引戸調整吊り込み、上枠取り外し、縦枠カット、上枠再取り付け、補修共）			
	1式	￥110,000	(2)
・既存壁等取合部補修	1式	￥15,000	(6)
工事費小計		￥153,000	
諸経費（工事費の10％）		￥15,300	

- 見積の横に記入している（　）書きの番号は住宅改修告示番号です。対象外は「外」、用具は「用」と表記しています。
- 用具に関しては貸与と購入があり、貸与は「用レンタル」と表記しています。

居室⑩ Living Room

階段と手すり、すのこを設置工事

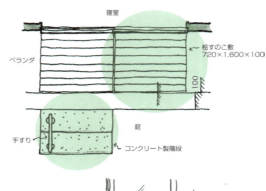

工事のポイント

ベランダから庭へ安全に上り下りするため、庭にコンクリートで階段を作り、手すりを取り付けています。
ベランダにすのこを設置し、ベランダと屋内の段差を解消しています。

見積もり内容

総工事費		￥192,500（消費税別）	住宅改修告示 （第　号）
・コンクリート工事費（土工事、ブロック材工共）	1式	￥40,000	(2)
・手すり工事費（ステンレスポール、アルミ芯樹脂被覆、取り付け共）	1式	￥70,000	(1)
・すのこ（1600×720×100 桧、材工共）	1式	￥65,000	(外)
工事費小計		￥175,000	
諸経費（工事費の10％）		￥17,500	

居室⑪ Living Room

畳をフローリングに張り替え、出入口スロープ取り付け工事

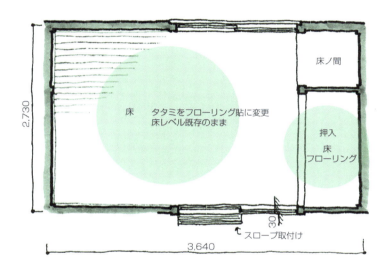

工事のポイント

車いす使用のため、押入れの床も取り込んで、和室をフローリングに張り替えています。廊下の床レベルに居間の床を下げると、出入口の敷居、建具の交換が必要になるため既存のままとし、廊下との段差にはスロープ取り付けで対応しています。

見積もり内容

			住宅改修告示
総工事費	¥254,320（消費税別）		（第　号）
・解体、撤去処分費（畳、押入れ床ベニヤ） 1式		¥48,000	(6)
・木工事費（根太組みの上コンパネ貼り、フローリング貼り）			
	1式	¥175,800	(3)
・スロープ取り付け（高さ30、材工共） 1式		¥7,400	(2)
工事費小計		¥231,200	
諸経費（工事費の10％）		¥23,120	

●見積の横に記入している（　）書きの番号は住宅改修告示番号です。対象外は「外」、用具は「用」と表記しています。
●用具に関しては貸与と購入があり、貸与は「用レンタル」と表記しています。

居室⑫ Living Room

段差解消、間仕切り変更し寝室拡張、カーペット、カーテン設置

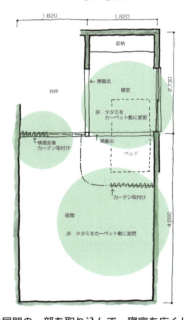

工事のポイント

隣室の居間の一部を取り込んで、寝室を広くし、床にはカーペットを敷き込み、間仕切りにカーテンを設置しています。
キッチンと居間、居間と寝室の間の敷居を下げ、段差を解消しています。

見積もり内容

総工事費	¥524,150（消費税別）	住宅改修告示（第　号）
・解体・撤去処分費（畳、荒床、床組、襖6本）　1式	¥150,000	一部（6）
・木工事費（床下地組、合板貼り、床見切り材取り付け、敷居下げ）　1式	¥133,500	一部（2）
・カーペット敷き込み工事費（ニードルパンチ材工）　1式	¥100,000	一部（3）
・カーテン工事費（オーダー品、カーテンレール取り付け共）　1式	¥93,500	（外）
工事費小計	¥476,500	
諸経費（工事費の10％）	¥47,650	

居室⑬ Living Room

キッチンセット交換工事

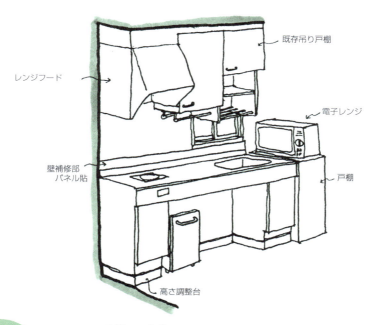

**工事の
ポイント**

いすに腰掛けて作業ができるキッチンセットに交換しています。目の高さに設置してあった電子レンジは手元の作業台に移設、空いたスペースは、水切り棚としています。

**見積もり
内容**

			住宅改修告示 (第　号)
総工事費	￥592,900（消費税別）		
・撤去処分費（既存流し台）	1式	￥50,000	(外)
・木工事費（壁補修他）	1式	￥18,000	(外)
・設備機器（電熱プレート付き流し台、水栓金具、ワゴン、電子レンジ台、パイプ棚）			
	1式	￥298,000	(外)
・給排水工事費	1式	￥142,000	(外)
・電気工事費（コンセント、スイッチ）	1式	￥31,000	(外)
工事費小計		￥539,000	
諸経費（工事費の10％）		￥53,900	

●見積の横に記入している（　）書きの番号は住宅改修告示番号です。対象外は「外」、用具は「用」と表記しています。
●用具に関しては貸与と購入があり、貸与は「用レンタル」と表記しています。

居室⑭ *Living Room*

居間に畳コーナーを設置

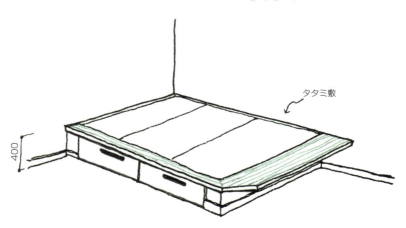

※既製品を利用することもできる。

タタミ敷

400

工事のポイント

畳は、座ったり立ったりの動作がたいへんです。居室の一部に、腰掛けてから畳に足をのばせる、400の腰掛け高さの、畳コーナーを設置しています。
畳下には、側面から使用する引出しを設けています。

見積もり内容

総工事費	¥455,400（消費税別）	住宅改修告示 （第　号）

・木工事費（束立て、大引、根太組、框材取り付け、側板貼り、引出し取り付け）	1式	¥325,000	(外)
・畳工事費（新床、敷き込み共）	1式	¥54,000	(外)
・塗装工事費	1式	¥35,000	(外)
工事費小計		¥414,000	
諸経費（工事費の10％）		¥41,400	

居室⑮ Living Room

畳をフローリングに張り替え、出入口3枚引き戸に交換工事

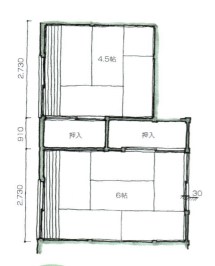
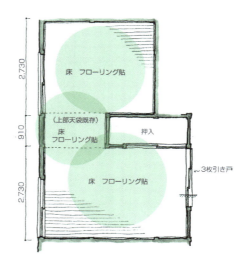

工事のポイント

和室と和室の間の襖と敷居を撤去、フローリングに張り替え、段差解消のため、床仕上がりを廊下床まで下げています。
出入り口は3枚引き戸で開口幅を確保しています。

見積もり内容

			住宅改修告示（第 号）
総工事費		¥757,900（消費税別）	
・解体・撤去処分費（畳10.5枚、板の間、敷居、襖4枚、荒床、根太、一部壁）			
	1式	¥124,000	(6)
・木工事費（床下調整、根太組、合板、フローリング貼り、敷居、Vレール、3方枠、取り合い部補修）			
	1式	¥350,000	(2)(6)
・建具工事費（フラッシュ戸3枚、吊り込み共）	1式	¥180,000	(4)
・塗装工事費	1式	¥35,000	(6)
工事費小計		¥689,000	
諸経費（工事費の10％）		¥68,900	

●見積の横に記入している（ ）書きの番号は住宅改修告示番号です。対象外は「外」、用具は「用」と表記しています。
●用具に関しては貸与と購入があり、貸与は「用レンタル」と表記しています。

居室⑯ Living Room

畳をフローリングに張り替え、床暖房設置、3枚引き戸に交換

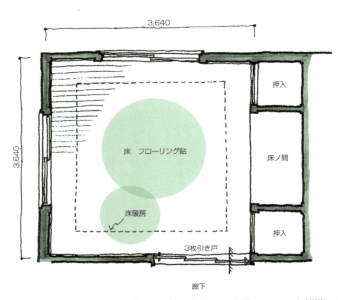

工事のポイント

和室をフローリングに張り替え廊下との段差30mmを解消、出入口は3枚引き戸に交換しています。
床には、一定温度になると通電が止まる機能を持つシートタイプの床暖房を設置しています。

見積もり内容

			住宅改修告示（第　号）
総工事費		¥1,129,810（消費税別）	
・解体・撤去処分費（畳8枚、敷居、襖2枚）	1式	¥65,000	(6)
・木工事費（床下地調整、合板、断熱材、フローリング貼り、敷居、Vレール、3方枠、取り合い部補修）	1式	¥286,100	(3)
・建具工事費（ポリ合板フラッシュ戸3枚、吊り込み共）	1式	¥180,000	(4)
・床暖房工事費	1式	¥466,000	(外)
・電気工事費（分電盤より配線）	1式	¥30,000	(外)
工事費小計		¥1,027,100	
諸経費（工事費の10％）		¥102,710	

居室⑰ Living Room

キッチンセット、床段差解消コルクタイル貼り、床暖房設置

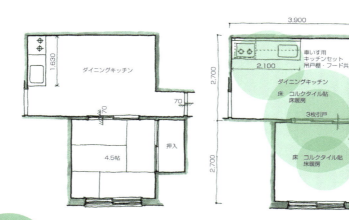

工事のポイント

車いす使用のため全面リフォームしています。和室を洋室に替え、段差を解消、コルクタイル貼り、車いす対応のキッチンセット、床とフラットなクローゼット、3枚引き戸、床暖房等を設置しています。

見積もり内容

総工事費　　　¥4,585,900（消費税別）　住宅改修告示（第　号）

・解体・撤去処分費（既存キッチンセット、襖、床、間仕切り壁、天井、敷居、押入れ）
　　　　　　　　　　　　　　　　　　1式　¥324,000　　一部(6)
・木工事費（クローゼット、床下地、下地組コルクタイル貼り、壁下地、ビニールクロス貼り、天井組、ビニールクロス貼り、出入り口三方枠取り付け、敷居、Vレール）
　　　　　　　　　　　　　　　　　　1式　¥1,700,000　一部(2)(3)(4)(6)
・建具工事費（3枚引き戸、つり込み共）　1式　¥180,000　　　(4)
・キッチンセット（取り付け共）　　　　1式　¥710,000　　（外）
・塗装工事費　　　　　　　　　　　　　1式　¥40,000　　一部(6)
・給排水工事費　　　　　　　　　　　　1式　¥350,000　　（外）
・電気工事費（テレビドアホン、コンセント、スイッチ設置、照明器具取り付け）
　　　　　　　　　　　　　　　　　　1式　¥202,000　　（外）
・床暖房工事費（給湯器、配管、暖房パネル、調整共）1式　¥663,000　（外）

工事費小計　　　　　　　　　　　　　　　　　¥4,169,000

諸経費（工事費の10%）　　　　　　　　　　　　¥416,900

● 見積の横に記入している（　）書きの番号は住宅改修告示番号です。対象外は「外」、用具は「用」と表記しています。
● 用具に関しては貸与と購入があり、貸与は「用レンタル」と表記しています。

居室⑱ Living Room
室内(寝室、居間、食堂)の段差を解消、歩行器で移動する。

■概算費用 3万円
■同居家族 娘。

■住居 木造2階建て住宅。持ち家。

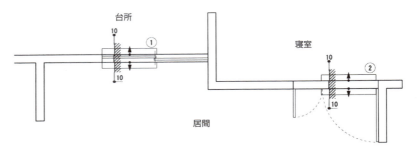

① 段差解消スロープ W800×D90×H10 ポリスチレン発泡体製
② 段差解消スロープ W800×D90×H10 ポリスチレン発泡体製
③ 段差解消スロープ W800×D120×H30 木製

■身体状況等
80歳代の女性。加齢による腰痛があり入院。退院したが、自宅でのリハビリを頑張り過ぎて再入院。再度退院したが、歩行器での移動となっている。要介護認定2。

■ニーズ
室内の段差、寝室と居間の間10mm、居間と食堂の間10mm、廊下と脱衣所の間30mmの段差を解消し、歩行器で移動できるようにしたいが、工事はしたくないと思っている。

■福祉用具
歩行器(退院に合わせて使用)。

■住宅改修
寝室と居間の間、居間と食堂の間は敷居による段差であるため敷居の撤去も考えられたが、敷居の撤去を行うと、引戸の交換をしなければならない、ドアには付け木が必要となるなど、大掛かりな工事となってしまう。本人のなるべく住居に手を加えたくないという意思を考慮し、段差解消スロープの設置とした。
廊下と脱衣所の間については30mmの段差があったため、既製品のスロープより奥行をとり120mmのスロープを特注し、勾配を緩くした。横からのアプローチを考えコーナーも大きめにつけている。

■改修後
歩行器により室内の移動ができるようになったため、リハビリを兼ねて、生活動線上を行き来しており、更に本人は自立移動を目指している。

手すりの取り付けと、転落防止用柵設置工事

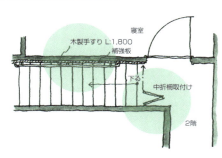

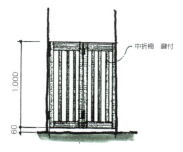

壁面に木製の手すりを取り付け、階段の降り口には、部屋へ出入りする際、誤って階段から足を踏み外さないよう中折式の柵を設けています。

工事のポイント

見積もり内容

				住宅改修告示 （第　号）
総工事費		￥78,980（消費税別）		
・横手すり（木製35φ　l＝1800 ブラケット共）		1式	￥10,200	(1)
取り付け費（木下地）		1式	￥7,000	(1)
補強材取り付け（材工共）		1式	￥12,600	(6)
・中折柵（木製、鍵付き、塗装共、材工）		1式	￥30,000	(外)
吊り込み費		1式	￥12,000	(外)
工事費小計			￥71,800	
諸経費（工事費の10％）		1式	￥7,180	

● 見積の横に記入している（　）書きの番号は住宅改修告示番号です。対象外は「外」、用具は「用」と表記しています。
● 用具に関しては貸与と購入があり、貸与は「用レンタル」と表記しています。

階段② Steps

階段壁面に手すり取り付け工事

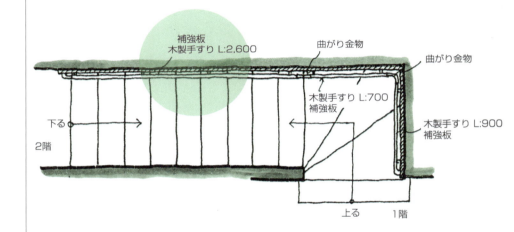

工事のポイント

壁面に補強の板を固定し、その板に木製の手すりを連続して取り付けています。手すり端部には、衣服の袖口が引っかからないよう壁側に曲がった部材（金物）を取り付けています。

見積もり内容

総工事費		¥84,900（消費税別）	住宅改修告示（第　号）
・手すり（木製35φ　l＝4200　ブラケット、曲がり金物、エンド金物共）			
	1式	¥28,800	(1)
取り付け費（木下地）	1式	¥19,000	(1)
補強材取り付け（材工共）	1式	¥29,400	(6)
工事費小計		¥77,200	
諸経費（工事費の10％）	1式	¥7,700	

階段③ Steps

壁開放側に ポール型手すり設置工事

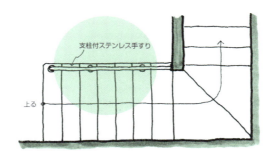

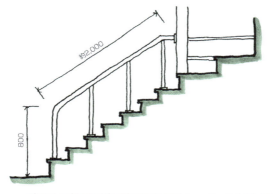

工事のポイント

手すりの必要な側に壁がありません。ポール付きのステンレス製手すりをオーダーし、段板に取り付けています。

見積もり内容

			住宅改修告示 （第　号）
総工事費	¥108,900（消費税別）		
・手すり（ステンレス製、l = 200、H = 800 特注）	1本	¥89,000	(1)
取り付け費（木下地）	1本	¥10,000	(1)
工事費小計		¥99,000	
諸経費（消費税の10%）	1式	¥9,900	

●見積の横に記入している（　）書きの番号は住宅改修告示番号です。対象外は「外」、用具は「用」と表記しています。
●用具に関しては貸与と購入があり、貸与は「用レンタル」と表記しています。

階段 ④ Steps

柱を立て、手すり取り付け工事

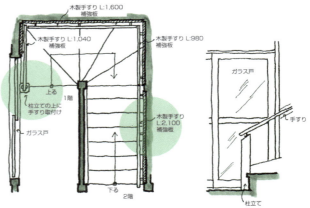

工事のポイント

階段の途中まで手すりを取り付ける壁面がありません。階段上がり口に、ブラケット取り付け用柱（高さ750）を設置、手すりを取り付けています。

見積もり内容

総工事費		¥124,000（消費税別）	住宅改修告示（第　号）
・横手すり（木製 l = 1040）	1本	¥7,000	(1)
取り付け費（木下地）	1本	¥5,000	(1)
補強材取り付け費	1式	¥6,000	(6)
ブラケット取り付け用柱設置（100角、材工）	1式	¥15,000	(6)
・横手すり（木製 l = 1600）	1本	¥9,400	(1)
取り付け費（木下地）	1本	¥7,000	(1)
補強材取り付け費（材工共）	1式	¥11,000	(6)
・横手すり（木製 l = 980）	1本	¥7,000	(1)
取り付け費（木下地）	1本	¥5,000	(1)
補強材取り付け費（材工共）	1式	¥7,000	(6)
・横手すり（木製 l = 2100）	1本	¥11,400	(1)
取り付け費（木下地）	1本	¥7,000	(1)
補強材取り付け費（材工共）	1式	¥15,000	(6)
工事費小計		¥112,800	
諸経費（消費税の10%）	1式	¥11,200	

手すり取り付けと
すべり止めカーペット取り付け工事

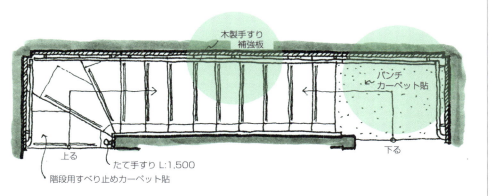

- 上る
- たて手すり L:1,500
- 階段用すべり止めカーペット貼
- 木製手すり 補強板
- パンチカーペット貼
- 下る

工事の ポイント

手すりの必要な壁面に横手すり、階段曲がりの中心柱に縦手すりを取り付け、段板にすべり止めカーペットを両面テープで取り付けています。

見積もり 内容

				住宅改修告示 (第 号)
総工事費		￥180,100（消費税別）		
・縦手すり（木製、l＝1500、ブラケット、取り付け共）1式 ￥18,000				(1)
・手すり（木製、l＝5200、ブラケット、木製曲がり2個、取り付け、補強板取り付け共）				
		1式	￥114,200	(1) (6)
・階段用すべり止めカーペット（12枚）		1セット	￥19,000	(3)
取り付け費		1式	￥3,600	(3)
・パンチカーペット貼り（13段目、材工共）		1式	￥9,000	(3)
工事費小計			￥163,800	
諸経費（工事費の10%）			￥16,300	

● 見積の横に記入している（ ）書きの番号は住宅改修告示番号です。対象外は「外」、用具は「用」と表記しています。
● 用具に関しては貸与と購入があり、貸与は「用レンタル」と表記しています。

階段⑥ Steps

階段昇降機設置工事

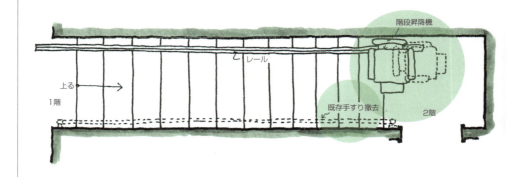

工事の ポイント

直線型階段昇降機を設置しています。階段昇降機に腰掛けたとき既存手すりが膝に当たるため、撤去しています。

見積もり 内容

	総工事費	¥737,000（消費税別）	住宅改修告示 （第　号）
・階段昇降機（直階段用）	1 台	¥620,000	(外)
取り付け工事費（手すり撤去共）	1 式	¥50,000	(外)
工事費小計		¥670,000	
諸経費（工事費の10％）		¥67,000	

階段⑦ Steps

土間と廊下の床を居室床のレベルにかさ上げ、階段昇降機設置

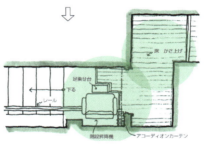

工事のポイント

階段昇降機で、2階居室床レベルまで昇降できるようにするため、土間床と踊り場床の一部をかさ上げし、段差を解消しています。階段昇降機の足乗せを床のかさ上げレベルまで上げ、レールを水平に曲げて奥に延ばしているため、曲線型階段昇降機の設置となっています。

見積もり内容

			住宅改修告示(第 号)
総工事費	¥1,795,420（消費税別）		
・ドア撤去処分費（鉄製）	1式	¥6,000	（4）
・アコーディオンドア工事費（新規枠取り付け、アコーディオンドア、取り付け共）			
	1式	¥91,200	（4）（6）
・床かさ上げ工事費（根太組の上、コンパネ下地、フローリング貼り）			
	1式	¥115,000	（2）
・階段昇降機（曲線型、2階踊り場にて曲げ、延長加工）1台 ¥1,420,000			（外）
取り付け工事費	1式	上記に含む	（外）
工事費小計		¥1,632,200	
諸経費（工事費の10％）		¥163,220	

● 見積の横に記入している（ ）書きの番号は住宅改修告示番号です。対象外は「外」、用具は「用」と表記しています。
● 用具に関しては貸与と購入があり、貸与は「用レンタル」と表記しています。

階段⑧ Steps

曲がり階段に曲線型階段昇降機設置

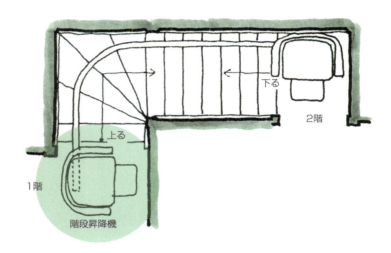

工事のポイント

1階の階段昇降機レール位置はトイレへの通路の妨げになるので、電動折りたたみレールを設置し、使用しないときはレールを上に折り上げておきます。

見積もり内容

総工事費　¥1,779,800（消費税別）　　　住宅改修告示（第　号）

・階段昇降機（曲線型、電動折りたたみレール共）　1台　¥1,600,000　（外）
・電気工事費　　　　　　　　　　　　　　　　　　1式　　¥18,000　（外）

工事費小計　　　　　　　　　　　　　　　　　　　　　¥1,618,000

諸経費（工事費の10%）　　　　　　　　　　　　　　　　¥161,800

階段⑨ Steps 1～2階の移動を容易にする。

■**概算費用** 62万円
■**同居家族** 夫、娘、母親。

■**住居** 木造2階建て住宅。持ち家。浴室・トイレ・食堂は1階。寝室および居室が2階。

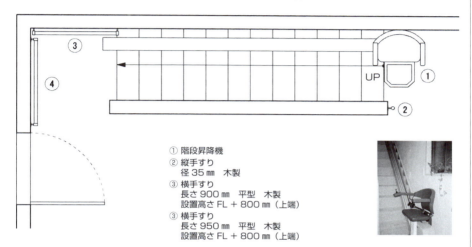

① 階段昇降機
② 縦手すり
　径35mm　木製
③ 横手すり
　長さ900mm　平型　木製
　設置高さFL＋800mm（上端）
③ 横手すり
　長さ950mm　平型　木製
　設置高さFL＋800mm（上端）

■**身体状況等**
53歳の女性。要介護認定3。筋萎縮性側索硬化症を患っている。両足の筋力低下が著しい。現在、屋内は伝い歩き。屋外は車いす。進行が進んでおり、段差のまたぎ、立ち上がりが日々困難となっている。

■**ニーズ**
日々動作能力が落ちてきている中、早目に住環境を整備することにより、できるだけ長く、自立した生活を送りたいと本人は望んでいる。居室・寝室は2階にあり、1～2階の移動を余儀なくされているため、生活範囲を現状のままでいくには、上下階移動をできるようにしておきたい。

■**福祉用具**
階段昇降機。

■**住宅改修**
階段昇降機の設置により、1階から2階への移動は可能であるが、昇降機のいすからの立ち上がりが困難なため、上下階共立ち上がり用の手すりを設置した。手すりの形状は、握り動作が困難となってくるため、手のひらをついての動作ができるよう、平型とした。

■**改修後**
日常生活を送る中で必要不可欠であった階段の上り下りが、先々も可能となった。介助なしで、好きな時に1～2階の移動ができることとなり、病気を患ったことで生活範囲が狭まることがなく、今後も過ごしていけるようになった。

玄関① Entrance

式台取り付け工事

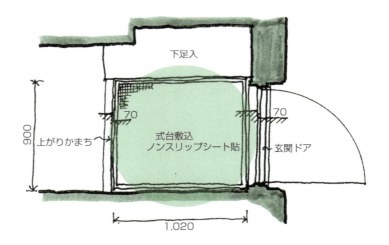

**工事の
ポイント**

上がり框の段差140㎜を、上り下りしやすくするために、高さを2分する式台を土間全体に設置固定してます。上がり框で70㎜、玄関ドアの下部で70㎜の段差としています。台の上面はすべりにくいシート貼りです。

**見積もり
内容**

総工事費	¥55,000（消費税別）	住宅改修告示 （第　号）

・式台設置（木製、現場で組んだうえ、上面ＣＦシート貼り、900×1020×70、木部塗装、材工共）取付け費	1式	¥50,000	(2)
工事費小計		¥50,000	
諸経費（消費税の10%）	1式	¥5,000	

玄関② Entrance

壁面に手すり取り付け、土間に踏み台設置工事

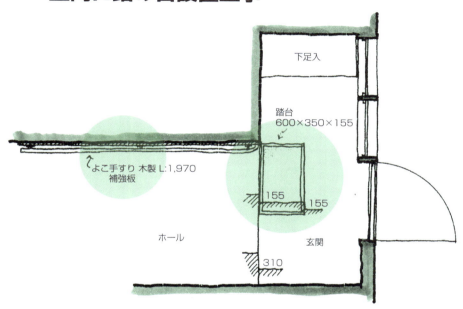

工事のポイント

上がり框での上り下りをしやすくするために、段差を2分する高さの踏み台を土間に設置固定しています。上面はすべり止めシート貼りです。ホール壁面に手すりを取り付けています。

見積もり内容

			住宅改修告示（第　号）
総工事費	￥55,000（消費税別）		
・手すり（木製35φ　l＝1970 ブラケット、共）	1本	￥10,800	(1)
取り付け費（木下地）	1式	￥7,000	(1)
補強材取り付け（材工共）	1本	￥14,200	(6)
・踏み台（木製、600×350×155 上面すべり止めシート貼り、取付費）			
	1台	￥18,000	(2)
工事費小計		￥50,000	
諸経費（工事費の10％）	1式	￥5,000	

●見積の横に記入している（　）書きの番号は住宅改修告示番号です。対象外は「外」、用具は「用」と表記しています。
●用具に関しては貸与と購入があり、貸与は「用レンタル」と表記しています。

玄関 ③ Entrance

下足入れに手すり取り付け、土間に踏み台設置工事

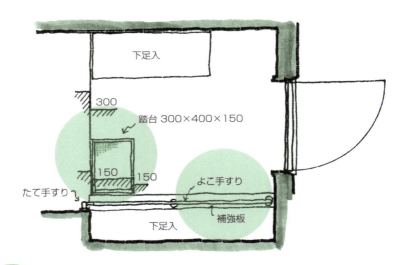

工事のポイント

上がり框を上り下りする際は下足入れにつかまって行います。しっかりつかめるよう、下足入れの上面に補強材を取り付けたうえ、手すりを取り付け、手すり端は縦に伸ばし踏み台の上り下りに使います。土間には踏み台を設置固定しています。

見積もり内容

	総工事費		¥59,600（消費税別）	住宅改修告示 （第　号）
・L型手すり（木製、L型、l＝1700×600、曲がり金物共）				
		1本	¥15,200	(1)
取り付け費（木下地）		1本	¥11,000	(1)
補強材取り付け（材工共）		1式	¥12,000	(6)
・踏み台（木製、300×400×150 上面すべり止めシート貼り、取付費）				
		1台	¥16,000	(2)
工事費小計			¥54,200	
諸経費（工事費の10％）		1式	¥5,400	

玄関④ Entrance

土間に折りたたみ式いす、壁面に手すり取り付け工事

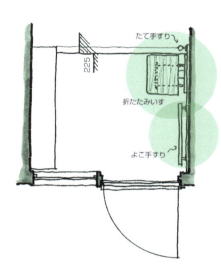
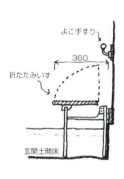

工事のポイント

見積もり内容

靴を履き替えるときは腰かけて、上がり框の上り下りの際にはじゃまになるため、壁面側に折り上げることができるいすを取り付けています。上がり下り用に壁面に手すりを取り付けています。

		総工事費	¥84,900（消費税別）		住宅改修告示（第　号）
・腰掛け台（折りたたみ式）			1台	¥35,000	(外)
	取り付け費（壁面補強共）		1式	¥7,000	(外)
・横手すり（木製、l＝700）			1本	¥5,000	(1)
	取り付け費		1本	¥5,000	(1)
	補強材取り付け費		1式	¥8,200	(6)
・縦手すり（木製、l＝600）			1本	¥5,000	(1)
	取り付け費		1本	¥5,000	(1)
	補強材取り付け費		1式	¥7,000	(6)
工事費小計				¥77,200	
諸経費（工事費の10％）				¥7,700	

●見積の横に記入している（　）書きの番号は住宅改修告示番号です。対象外は「外」、用具は「用」と表記しています。
●用具に関しては貸与と購入があり、貸与は「用レンタル」と表記しています。

玄関⑤ Entrance

土間に踏台設置工事

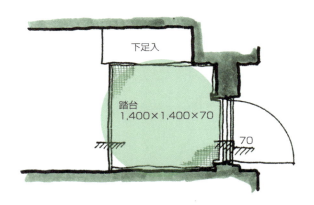

工事のポイント

車いすで屋内側から玄関のドアの鍵を操作できるように、廊下と土間の段差を、土間に踏み台を設置固定して解消しています。外部に出る時は介助でドア下部の段差は対応します。

見積もり内容

総工事費		¥66,000（消費税別）	住宅改修告示 （第　号）
・パネル台（木製、1400×1400×70、上面ＣＦシート貼り、木部塗装、材工、取付費共）	1式	¥60,000	(2)
工事費小計		¥60,000	
諸経費（消費税の10%）	1式	¥6,000	

玄関⑥ Entrance

土間に引出し式踏み台設置、手すり取り付け工事

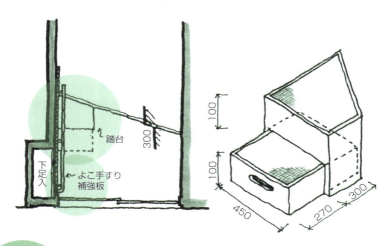

工事のポイント

上がり框の300mmの段差を3段に分け、2段の階段式踏み台を設置固定しています。狭い土間のため、1番下の段は使用時のみ引き出して使うよう引出し式としています。壁面に手すりを取り付けています。

見積もり内容

	総工事費	¥102,300（消費税別）	住宅改修告示 （第　号）

・踏み台（木製、450×300〜450 H200：2段スライド式）取り付け費			
	1台	¥51,000	(2)
・横手すり（木製、l＝600）	1本	¥5,000	(1)
取り付け費	1本	¥5,000	(1)
補強材取り付け費（木製、材工）	1式	¥7,000	(6)
下足入れ扉カット及び取り付け費	1式	¥8,000	(6)
・横手すり（木製、l＝600）	1本	¥5,000	(1)
取り付け費	1本	¥5,000	(1)
補強材取り付け費（木製、材工）	1式	¥7,000	(6)
工事費小計		¥93,000	
諸経費（工事費の10％）		¥9,300	

● 見積の横に記入している（　）書きの番号は住宅改修告示番号です。対象外は「外」、用具は「用」と表記しています。
● 用具に関しては貸与と購入があり、貸与は「用レンタル」と表記しています。

玄関 ⑦ Entrance

上がり框から外部まで
2台の取り外し式スロープ設置工事

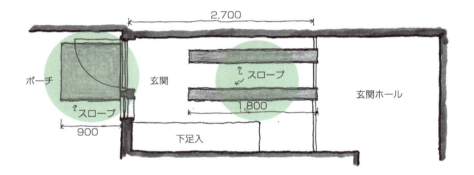

工事のポイント

車いすで出入りする際、上がり框の段差に、取り外し式のレール式スロープを、出入り口外に取り外し式の1枚タイプのスロープを設置しています。

見積もり内容

総工事費		¥149,600（消費税別）	住宅改修告示 （第　号）
・スロープ（レール式）	1台	¥46,000（用レンタル）	
・スロープ（1枚式）	1台	¥90,000（用レンタル）	
工事費小計		¥136,000	
諸経費（工事費の10％）		¥13,600	

玄関⑧ Entrance

土間かさ上げ、踏み台設置工事

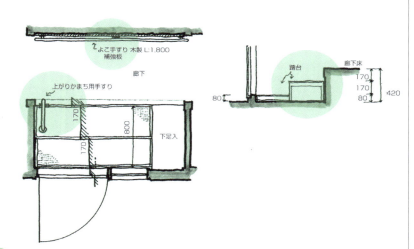

工事のポイント

出入口の引き違い戸は土台から 80 上がっているためまたいで出入りしなくてはなりません。土間を 80 まで木製でかさ上げし、上がり框の段差を 2 分割する高さの踏み台を設置して、出入りを楽にしています。
上がり框用の手すりを土間とホール床に固定し、ホール壁面には横手すりを取り付けています。

見積もり内容

			住宅改修告示（第　号）
総工事費	￥165,330（消費税別）		
・土間かさ上げ（木製、上面すべり止めシート貼り、材工共）			
	1式	￥77,000	(2)
・横手すり（木製、l＝1800）	1本	￥10,200	(1)
取り付け費	1本	￥7,000	(1)
補強材取り付け費（木製、材工）	1式	￥12,600	(6)
・上がり框用手すり	1台	￥36,500	(1)
取り付け費	1式	￥7,000	(1)
工事費小計		￥150,300	
諸経費（工事費の10%）		￥15,030	

●見積もりの横に記入している（　）書きの番号は住宅改修告示番号です。対象外は「外」、用具は「用」と表記しています。
●用具に関しては貸与と購入があり、貸与は「用レンタル」と表記しています。

玄関⑨ Entrance

土間に電動式段差解消機設置工事

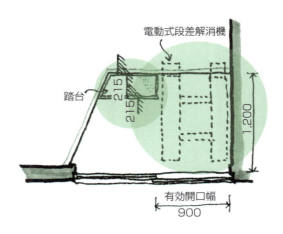

電動式段差解消機
踏台
215
215
1,200
有効開口幅
900

**工事の
ポイント**

上がり框の段差解消のため、電動式段差解消機を設置しています。同居家族のために踏み台を横に設置しています。

**見積もり
内容**

総工事費		¥287,100（消費税別）	住宅改修告示 (第　号)
・段差解消機（電動タイプ）	1台	¥246,000	(用レンタル)
・踏み台（木製、材工）取り付け費	1台	¥15,000	(2)
工事費小計		¥261,000	
諸経費（工事の10％）		¥26,100	

玄関⑩ Entrance

玄関ドアを引き戸に交換工事

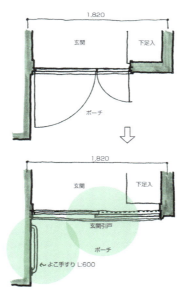

工事のポイント

既存ドアと小壁を撤去して、引き違い戸に交換しています。左手壁面には、アプローチと引き戸を開け閉めする際の体位保持のため、横手すりを取り付けています。

見積もり内容

		総工事費	￥661,100（消費税別）	住宅改修告示 （第　号）

・解体、撤去費（既存木枠、ドア、小壁、ポーチ土間一部はつり）
　　　　　　　　　　　　　　　　　　1式　￥45,000　（6）
・玄関用引き戸（型ガラス共）　　　　1式　￥331,000　（4）
　取り付け費　　　　　　　　　　　　1式　￥34,000　（4）
・木工事費（内部三方枠、内壁クロス貼り、塗装共）1式　￥96,000　（6）
・左官工事費（外壁補修、サッシ廻りコーキング、レール埋め込み、モルタル塗り）
　　　　　　　　　　　　　　　　　　1式　￥50,000　（6）
・電気工事費（電灯、呼び鈴移設、器具は既存品）1式　￥26,000　（6）
・横手すり取り付け（屋外用、l=600 取り付け共）1式　￥19,000　（1）

工事費小計　　　　　　　　　　　　　　　￥604,000

諸経費（工事費の10%）　　　　　　　　　￥60,100

● 見積の横に記入している（　）書きの番号は住宅改修告示番号です。対象外は「外」、用具は「用」と表記しています。
● 用具に関しては貸与と購入があり、貸与は「用レンタル」と表記しています。

玄関⑪ Entrance

土間に電動式段差解消機を埋め込み設置工事

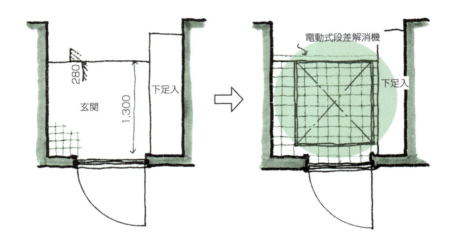

工事のポイント

見積もり内容

上がり框の段差解消のため、土間にピットを掘って、電動式段差解消機を設置しています。普段は、上面が他の床と同じタイルが貼ってある土間床面まで下がり、他の床とフラットになっています。

				住宅改修告示 （第　号）
総工事費		¥1,078,000（消費税別）		
・解体、撤去処分費（土間、タイル、地面共）	1式	¥90,000		(外)
・ピット工事費（地盤工事、コンクリート打ち共）	1式	¥10,000		(外)
・タイル工事費（材工共）	1式	¥105,000		(外)
・電気工事費（一部露出配線、コンセント設置）	1式	¥35,000		(外)
・段差解消機（電動式、タイル貼り用フレーム工事共）1台		¥640,000		(外)
搬入取り付け、調整費	1式	¥100,000		(外)
工事費小計		¥980,000		
諸経費（工事費の10％）		¥98,000		

玄関⑫ Entrance 玄関の上がり框の段差を解消する。

■概算費用　6万円
■同居家族　現在息子さんが寝泊り。
■住居　診療所併用住宅（診療所は息子さんが経営）の1階に居住。

改修前　　　　　　　　　　　　　　　　改修後

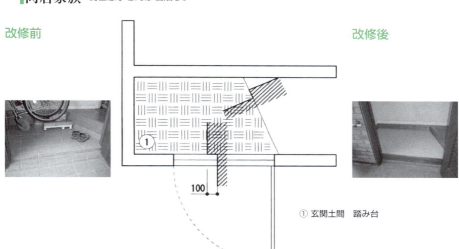

① 玄関土間　踏み台

■身体状況等
数年前に発症した脳梗塞のため左麻痺となったが、身体機能の低下も加わり、現状では、ほぼ寝たきりに近い生活をされている80代の女性。屋内・外とも車いす移動で、日中はヘルパー、夜間は息子の介助。要介護認定4。

■ニーズ
玄関の上がり框の段差が210mmある。外出の際はベッドから車いすに移乗させ玄関まで移動、土間までの210mmの段差を車いすごと下ろし、土間で方向転換した後、更に屋外へ移動している。介助者の負担が大きく、本人も恐怖感をもってしまっているため、段差の解消を行いたい。

■福祉用具
自走用車いす。

■改修後
玄関の形状から、上がり框からのスロープの使用は不可能である。そのため、段差を小割りにすることで負担を減らすように考え、踏み台となるものを検討した。中途半端な大きさでは介護者が足を踏み外したりする危険性があるため、土間全面を踏み台状にする方法とした。今後の使い勝手も考え、解体が簡単にできるよう、木製で組立て、床面は防滑製のビニルシート張りとしている。

■住宅改修
210mmの段差の上り下り介助は不可能であったが、段差100mm2段となったため、これまでよりは車いすの移動介助が楽になった。ただし、まだ段差が残っているため、何度か試した後、無理があれば、土間分全体をかさ上げし、そこから外部にスロープをわたして移動する方法を検討することも考慮している。

玄関⑬ Entrance 玄関土間の段差をなくす。

■**概算費用** 9万円
■**同居家族** 独居。娘家族が近居。

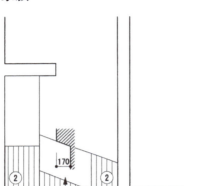

① 可動ステージ
② 土間床かさ上げ

■**住居** 2階建1戸建て住宅。バリアフリー仕様の新築。室内には段差はないが、玄関の上がり框には170mmの段差がある。

改修前

改修後

■**身体状況等**
高齢によるADL低下がある78歳の女性。要介護認定1。特に足腰の筋力低下により、屋内は、歩行器を使用している。屋外はシルバーカーを使用している。

■**ニーズ**
室内には段差がなく、歩行器の使用には不自由していないが、上がり框の段差のために、来客の際の玄関ドアの鍵の開け閉めに不自由している。玄関土間の段差をなくし、室内から玄関ドアまで歩行器で行けるようにしたい、と望んでいる。

■**福祉用具**
歩行器(3カ月前より使用)。

■**住宅改修**
室内の床の高さとフラットになるよう、玄関土間をかさ上げし、玄関ドアまで歩行器を使用したま ま行けるように考えた。コンクリートを打つ等の改修は、費用もかさむ上に将来不要となった時のことを考えフローリング貼りとした。台を土間に設置することで対応し、強固な固定はしていない。また、時として、普通に土間としても使用することができるよう、3分割とし、中央部分は脱着ができるようにしている。必要に応じて、簡単に通常の玄関土間としても使用することができる。新築であるため、不自然感が出ないよう、かさ上げ部の仕上げは、既存の床材と同じ色味・模様で、同じ目で貼るようにした。

■**改修後**
今まで、苦労していた鍵の開け閉めが、容易にできるようになった。近所で、よく訪れる娘も自分が帰った後、鍵を閉めるのに難儀していた母親を気遣っていたが、安心して帰ることができるようになった。

外構① Outdoors

外階段に手すり取り付け工事

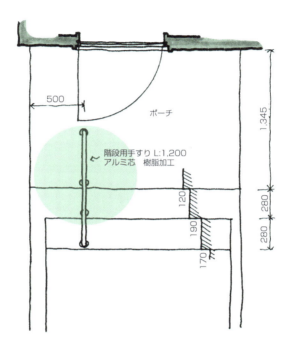

工事のポイント

道路から玄関までのコンクリート階段床にポールを立て、金属製だが冬期の冷たさを解消した耐候性樹脂被覆手すりを現場施工で設置しています。

見積もり内容

			住宅改修告示
総工事費	¥85,800（消費税別）		（第　号）
・横手すり取り付け工事費（ステンレスポール、アルミ芯樹脂加工 l=1200、取り付け共）	1式	¥78,000	(1)
工事費小計		¥78,000	
諸経費（工事費の10%）		¥7,800	

●見積の横に記入している（　）書きの番号は住宅改修告示番号です。対象外は「外」、用具は「用」と表記しています。
●用具に関しては貸与と購入があり、貸与は「用レンタル」と表記しています。

外構② *Outdoors*

外階段に手すり取り付け工事

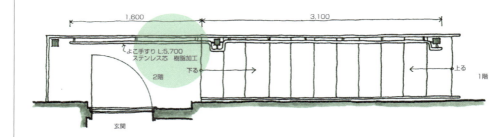

工事のポイント

道路から玄関までの鉄階段の手すり格子に、柱、格子用特殊ブラケットを使用して、手すりを取り付けています。手すりは冬期の冷たさを解消した耐候性樹脂被覆手すりです。

見積もり内容

総工事費	¥125,400（消費税別）	住宅改修告示 （第　号）

・横手すり工事費（ステンレス芯、樹脂加工 l = 5700、取り付け共）
　　　　　　　　　　　　　　　1式　　¥114,000　　　　（1）

工事費小計　　　　　　　　　　　　　　¥114,000

諸経費（工事費の10％）　　　　　　　　¥11,400

外構③ Outdoors

アプローチの飛び石撤去、コンクリート打設工事

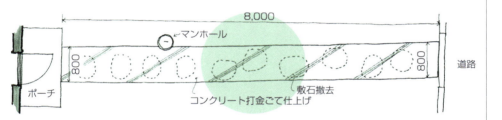

工事のポイント

道路から玄関ポーチまで、飛び石があって車いすでの移動が困難です。飛び石を撤去して、車いすの幅にコンクリートを打ち、金ゴテ仕上げのアプローチにしています。

見積もり内容

			住宅改修告示 (第　号)
総工事費	¥231,000（消費税別）		
・飛び石撤去費（敷地内処分）	1式	¥30,000	(2)
・コンクリート工事費（土工事共）	1式	¥180,000	(2)
工事費小計		¥210,000	
諸経費（工事費の10%）		¥21,000	

● 見積の横に記入している（　）書きの番号は住宅改修告示番号です。対象外は「外」、用具は「用」と表記しています。
● 用具に関しては貸与と購入があり、貸与は「用レンタル」と表記しています。

外構④ Outdoors

アプローチにコンクリート平板を敷きつめ、木製スロープ設置

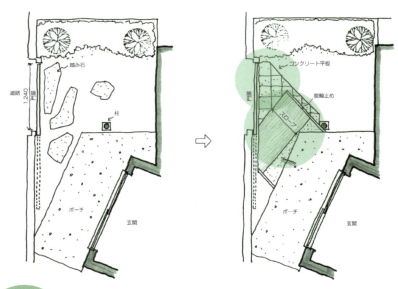

工事のポイント

道路から玄関ポーチまでの間の既存踏み石を撤去して、コンクリート平板を平らに敷きつめた後、木製スロープをポーチへ継ぎ足す形で作って設置しています。いずれは現状復帰をしたいという希望があるため、取り外しが簡単にできるもので対応しています。

見積もり内容

			住宅改修告示 (第　号)
総工事費	￥178,200（消費税別）		
・既存踏み石撤去費（小石一部撤去共敷地内移設）			
	1式	￥35,000	(2)
・コンクリート平板敷きつめ（材工共）	1式	￥61,000	(2)
・木製スロープ工事費（ポーチ続き台、スロープ、材工共）1式		￥66,000	(2)
工事費小計		￥162,000	
諸経費（工事費の10％）		￥16,200	

外構⑤ Outdoors

アプローチにコンクリートスロープ打設し、手すり設置工事

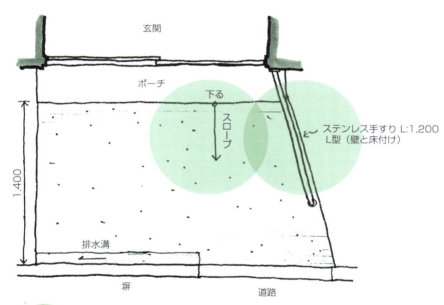

道路から玄関への段差を解消するため、コンクリートでスロープを打ち、アプローチ用にステンレス手すりを設置しています。

総工事費		¥170,500（消費税別）	住宅改修告示 (第　号)
・コンクリート工事費（刷毛引き仕上げ、土工事共）	1式	¥105,000	(2)
・L型手すり（ステンレス製 l = 1200）	1本	¥38,000	(1)
取り付け費	1式	¥12,000	(1)
工事費小計		¥155,000	
諸経費（工事費の10%）		¥15,500	

●見積の横に記入している（　）書きの番号は住宅改修告示番号です。対象外は「外」、用具は「用」と表記しています。
●用具に関しては貸与と購入があり、貸与は「用レンタル」と表記しています。

外構⑥ Outdoors

縁台撤去、コンクリートスロープ設置工事

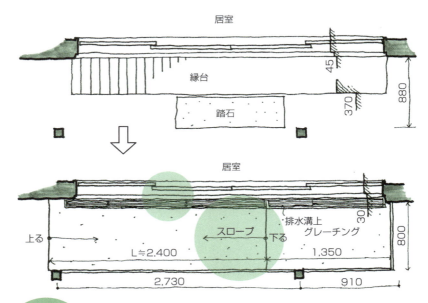

工事のポイント

車いすでの出入りを居室掃き出し窓から行うため、既存縁台を撤去して、コンクリート製スロープを設置しています。和室に雨水が入り込むのを防ぐため、スロープと建物の間には排水溝を作り、グレーチングを取り付けています。

見積もり内容

			住宅改修告示（第　号）
総工事費	￥278,300（消費税別）		
・既存縁台、敷石撤去処分費	1式	￥44,000	(6)
・コンクリート工事費（型枠工事、刷毛引き仕上げ、土工事共）	1式	￥159,000	(2)
・グレーチング工事費	1式	￥50,000	(2)
工事費小計		￥253,000	
諸経費（工事費の10％）		￥25,300	

外構⑦ Outdoors

道路までの通路拡張と、コンクリート打設工事

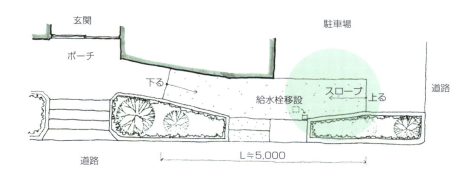

工事のポイント

車いすでの既存門扉からの出入りが困難なため、駐車場脇に通路をとり、コンクリートを打設し、ゆるやかな勾配のアプローチを設置しています。

見積もり内容

総工事費	¥281,600（消費税別）		住宅改修告示（第　号）
・既存植栽、石一部撤去処分費	1式	¥28,000	(6)
・コンクリート工事費（刷毛引き仕上げ、土工事共）	1式	¥157,000	(2)
・階段作り直し工事費（コンクリート、型枠共）	1式	¥41,000	(2)
・給水栓移設工事費	1式	¥30,000	(6)
工事費小計		¥256,000	
諸経費（工事費の10％）		¥25,600	

● 見積の横に記入している（　）書きの番号は住宅改修告示番号です。対象外は「外」、用具は「用」と表記しています。
● 用具に関しては貸与と購入があり、貸与は「用レンタル」と表記しています。

外構⑧ Outdoors

共同住宅の階段に
スロープ打設工事

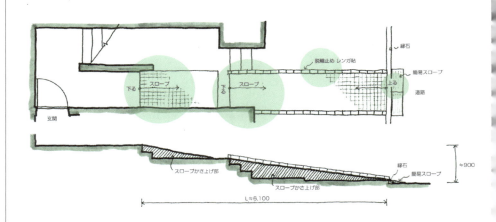

工事のポイント

共同住宅の共用部の階段に、車いす使用の居住者のために、コンクリート打設のスロープを設置しています。床材はノンスリップタイル、両サイドの脱輪止めはレンガです。

見積もり内容

総工事費	¥610,060（消費税別）			住宅改修告示（第　号）
・仮設工事費（工事中通行板他）		1式	¥50,000	（共同住宅の共用部分については、自治体に確認が必要です。）
・コンクリート打ち工事費（地業、型枠工事、モルタル工事共）				
		1式	¥300,000	
・タイル工事（材工共）		1式	¥160,000	
・レンガ工事（材工共）		1式	¥35,000	
・簡易スロープ（縁石部分に設置）		1台	¥9,600	
工事費小計			¥554,600	
諸経費（工事費の10％）			¥55,460	

外構⑨ Outdoors

段差解消のため、リフト設置工事

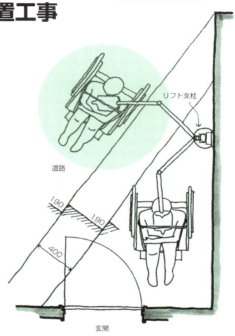

工事のポイント

道路から玄関までのスペースが狭いため、車いすで出入りするためのスロープ等の設置が困難です。支柱をポーチ床に取り付け、吊り具をセットして、車いすからその吊り具に移乗させて、リフトで方向を変えながら上げ下ろしする吊りタイプのリフトを設置しています。

見積もり内容

総工事費			¥757,900（消費税別）	住宅改修告示（第　号）
・移動用リフト（本体）	1台		¥311,000	(用レンタル)
・支柱セット	1セット		¥238,000	(用レンタル)
・吊り具	1セット		¥40,000	(用)
・搬入、取り付け工事費	1式		¥100,000	(外)
工事費小計			¥689,000	
諸経費（工事費の10%）			¥68,900	

- 見積の横に記入している（　）書きの番号は住宅改修告示番号です。対象外は「外」、用具は「用」と表記しています。
- 用具に関しては貸与と購入があり、貸与は「用レンタル」と表記しています。

外構⑩ Outdoors

縁先に木製デッキとスロープ設置工事

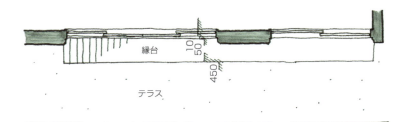

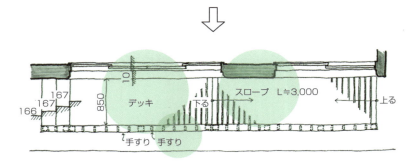

工事のポイント

縁側から車いすで出入りするため、縁台を撤去して、手すり付きの木製のデッキと、スロープを設置しています。
家族の通行のため、デッキの端に木製で階段を作っています。

見積もり内容

		総工事費	¥401,500（消費税別）		住宅改修告示 （第　号）
・既存縁台、敷石撤去処分費			1式	¥15,000	(6)
・木製デッキ工事費（手すり付き、材工共）			1式	¥130,000	(2)
・木製スロープ工事費（手すり付き、材工共）			1式	¥170,000	(2)
・木製階段工事費（手すり付き、材工共）			1式	¥50,000	(2) (1)
工事費小計				¥365,000	
諸経費（工事の10％）				¥36,500	

外構⑪ Outdoors

蹴上げの小さい階段に作り替え、アコーディオン門扉に交換工事

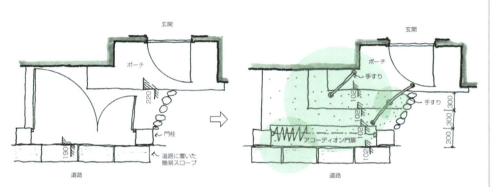

工事のポイント

道路から玄関への階段の蹴上げが大きく、出入りが困難です。段数は増えますが、蹴上げの小さい階段に作り替え、手すりを設置し、手すり取り付けの妨げになる開き戸の門扉をアコーディオンタイプの門扉に交換しています。

見積もり内容

	総工事費	¥485,100（消費税別）	住宅改修告示（第　号）
・解体、撤去処分費（既存階段一部、既存門扉）	1式	¥70,000	(6)
・コンクリート打ち工事費（型枠工事、刷毛引き仕上げ）	1式	¥130,000	(2)
・アコーディオン門扉	1台	¥97,000	(4)
取り付け費	1式	¥30,000	(4)
・手すり工事費（3か所、材工共）	1式	¥114,000	(1)
工事費小計		¥441,000	
諸経費（工事費の10％）		¥44,100	

● 見積の横に記入している（　）書きの番号は住宅改修告示番号です。対象外は「外」、用具は「用」と表記しています。
● 用具に関しては貸与と購入があり、貸与は「用レンタル」と表記しています。

外構⑫ Outdoors

テラスに段差解消機設置、コンクリート打設工事

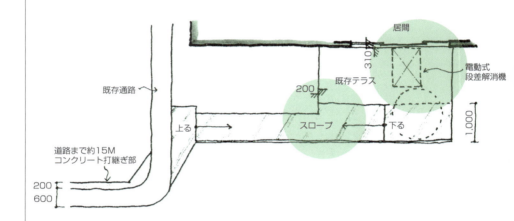

工事のポイント

車いすで出入りするため、居室外のテラスに段差解消機を設置。テラスを広げ、その先道路までゆるやかな勾配のコンクリートスロープを打ち継いでいます。

見積もり内容

			住宅改修告示 （第　号）
総工事費	¥973,500	（消費税別）	
・解体、撤去費（既存庭石、場内移設）	1式	¥45,000	一部 (6)
・コンクリート打ち工事費（ブロック積み、刷毛引き仕上げ、土工事、排水枡かさ上げ共）			
	1式	¥250,000	一部 (2)
・段差解消機（電動式屋外用）	1台	¥490,000	(用レンタル)
搬入、取り付け費	1式	¥100,000	（外）
工事費小計		¥885,000	
諸経費（工事費の10%）		¥88,500	

外構⑬ Outdoors

居室から道路へ、木製デッキ、段差解消機、スロープ設置工事

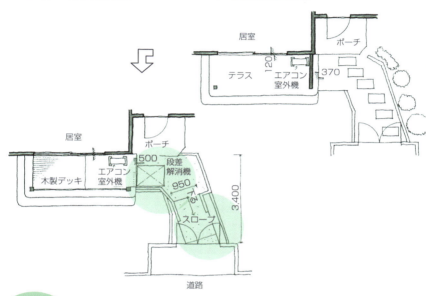

車いすで出入りするため、居室外に木製デッキを設け、その端に段差解消機を設置、その先の道路までスロープ設置で、段差に対応しています。

工事のポイント

見積もり内容

総工事費	¥1,100,000（消費税別）	住宅改修告示（第　号）

- 解体、撤去処分費（既存柵、エアコン移設、踏み石）　1式　¥45,000　一部 (6)
- コンクリート打ち工事費（型枠工事、刷毛引き仕上げ、土工事、浸透枡設置共）
　　　　　　　　　　　　　　　　　　　　　　　1式　¥215,000　一部 (2)
- 木製デッキ工事費（塗装共、材工）　　　　　　1式　¥150,000　　　 (2)
- 段差解消機（電動式屋外用塗装共）　　　　　　1台　¥490,000　(用レンタル)
　搬入、取り付け費　　　　　　　　　　　　　　1式　¥100,000　　　 (外)

工事費小計	¥1,000,000
諸経費（工事費の10％）	¥100,000

●見積の横に記入している（　）書きの番号は住宅改修告示番号です。対象外は「外」、用具は「用」と表記しています。
●用具に関しては貸与と購入があり、貸与は「用レンタル」と表記しています。

外構⑭ *Outdoors*

外用階段昇降機設置と、手すり取り付け工事

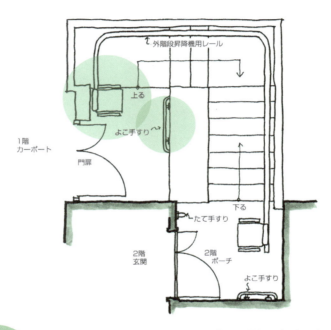

工事のポイント

道路面から玄関まで、12段の曲がり階段の上がり下りのため、外用階段昇降機を設置しています。移乗時用に手すりを取り付けています。

見積もり内容

				住宅改修告示 (第 号)
総工事費		￥2,611,200（消費税別）		
・階段昇降機（らせん型、延長レール共）	1台	￥2,200,000		(外)
搬入、取り付け費	1式	￥90,000		(外)
・電気工事費（屋外用防水コンセント新設）	1式	￥19,000		(外)
・手すり工事費（手すり3本、取り付け共）	1式	￥65,200		(1)
工事費小計		￥2,374,200		
諸経費（工事費の10％）		￥237,000		

外構 ⑮ Outdoors 玄関アプローチの段差を解消する。

■**概算費用** 56万円
■**同居家族** 息子、嫁、孫。
■**住居** 木造2階建て住宅。持ち家。室内の車いす対応のリフォームはすでに行われており、室内の住環境は整っている。

改修前

改修後

① ステージ　H=150
② スロープ（勾配：1/8）L=2020㎜

■**身体状況等**
脳梗塞による右麻痺、80歳の男性。要介護認定5。屋内外とも、介助用車いす。右半身の麻痺だが、加齢により左半身も残存能力が落ち、何をするにも介助が必要な状態である。

■**ニーズ**
外出時の出入りに介助者が苦労している。道路から玄関までに門の敷居・飛び石・ポーチと数多くの段差があり、車いすでのアプローチが介助者にとって、非常に困難となっている。楽に出入りができるよう、改修を希望している。

■**福祉用具**
車いす（介助用）。

■**住宅改修**
門の敷居は撤去し、飛び石の上にコンクリートを打ち、ポーチの高さまでの段差をスロープで解消した。同時にポーチを延長し、スロープに移動するための方向転回のステージとした。正面玄関で、景観を損ねたくないというご本人の強い希望で、天然石の舗装材での仕上げとした。細かい凹凸があるため、滑り止め効果も期待できる材である。老朽化していた既存の門扉も合わせてアルミ製引き戸に交換。スロープの傾斜は1/8とゆるやかではないが、介助を行っている嫁に車いす操作を合板上で行ってもらい、動作確認を行っている。

■**改修後**
これまで、飛び石の上の凹凸の激しい個所で、方向転回やキックアップによる段差超えをしなければならなかったのが、スムーズに安全に玄関までアプローチできるようになった。安全性も増し、介助者の負担も大きく減らすことができた。本人が最も懸念していた景観も、天然石の舗装材を使用することで、損なうことなく仕上げることができた。家族の自転車も楽に乗り入れることができるようになり、健常者である家族にとっても使いやすくなり、全員に喜ばれている。

外構⑯ Outdoors
景観を損ねず、デッキで移動。

- **概算費用** 73万円
- **同居家族** 独居。娘家族が近居。
- **住居** 木造2階建て住宅。2階へは上がれないため、1階のみで生活している。

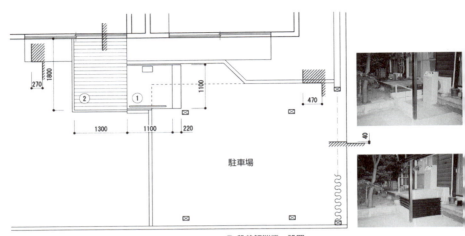

① 段差解消機　設置
② 木製デッキ　H=270mm

身体状況等
脳梗塞による左麻痺の69歳の女性。要介護認定4。発症直後で、現在、リハビリ入院中である。退院の目処はついたが、屋内外共、介助型車いすの生活となる。

ニーズ
病院を退院するにあたり、施設入所も選択肢としてあったのだが、近居している娘の「できる限りは、自宅に戻して自宅で生活させてあげたい」との、強い希望の中、住環境整備に踏み切ることとなった。車いす使用、ベッド導入のため、寝室の畳をフローリング貼りにしたい。外出のための手段を大掛かりでなく対応できないかと希望している。

福祉用具
車いす（介助型）・段差解消機・介護ベッド。

住宅改修
玄関が狭い中、道路までの段差が780mmあり、退院してきても家の中に入ることができない状態であった。比較的体格もよく、外出の度に抱えての移乗では介助者の負担となるため、段差解消機の利用を計画した。居室の掃出し窓のレベルで、木製のデッキを作成し、段差解消機にて、道路とほぼ同レベルの駐車場まで上下することとなる。木製のデッキにより、木造住宅の床下の通風を確保し、居室からの庭の景観を損ねることもないよう配慮した。車いす使用となると、どうしても室内にこもりがちだが、日光浴・自然浴としての活用も考えられるため、デッキは喜ばれることが多い。室内は、寝室となる和室を車いす対応とするため、フローリング貼りとした。その際、出入口の敷居段差30mmをなくし、廊下との段差を解消している。

改修後
最も懸念されていた、外からの出入りが可能となった。車いすとはいえ、介助者も気軽に外へ連れ出してあげられるようになった。「天気のいい日に木製デッキに出て庭を眺め、とても幸せそうな母の姿を見て、"住まいの力"を感じました」という、娘の談である。

外構⑰ Outdoors
1人で気軽に外出できる環境整備。

■**概算費用** 89万円
■**同居家族** 娘50歳、孫19歳。

■**住居** 木造2階建て。持ち家。敷地が道路面より950㎜下がっており、5段の階段を昇っての外出となる。

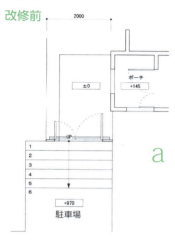

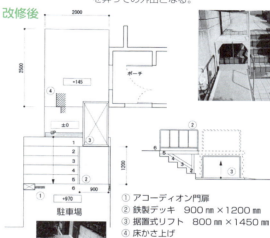

① アコーディオン門扉
② 鉄製デッキ　900㎜×1200㎜
③ 据置式リフト　800㎜×1450㎜
④ 床かさ上げ

■**身体状況等**
事故で頸椎損傷、入院手術後、車いすでのリハビリを行っている78歳の女性。要介護認定3。自立への意欲が高く、車いすでのADLは自立している。手すりにつかまれば一時的立位可能。

■**ニーズ**
退院後、デイケア、デイサービスの利用を希望している。しかし、同居家族は昼間不在であり、サービス利用のためには、1人で道路まで出て、送迎車を待つ必要がある。本人も家族も、1人で気軽に外出できる環境整備を強く要望している。

■**福祉用具**
自走用車いす（3カ月前より病院で使用）・段差解消機（電動式）。

■**住宅改修**
道路から敷地までの高低差が900㎜、5段の階段を昇って道路に出る状況であり、門扉も階段を降りた所に両開き戸がついている。工事費用をおさえるために階段の間口半分の上に、鉄骨で製作した橋を置き、道路面と同じ高さに設定。その先に電動式段差解消機を据え置き、900㎜の段差を昇降する方法をとった。残された階段の半分は家族が使用、階段下の門扉は、機械の邪魔となるため、階段の上に移し、本人が車いす使用で開閉できるよう伸縮門扉に変えている。解体工事を行わず、既存部分に橋状の台を置くことで、将来、撤去すれば現状復帰も簡単であり、工事費用を最小限におさえることにもつながっている。

■**改修後**
自立意欲が高く、外出の好きな本人にとって、サービスを利用したり、自由に外出できることの喜びは大きく、車いす移動となっても、これまでと同じ生活を送っていくことが可能となった。

外構⑱ Outdoors
寝室の掃き出し窓から車いすで自由に出入りする

概算費用 70万円
同居家族 息子夫婦50歳代（主な介護者は嫁）
住居 木造2階建て。持ち家。敷地面と道路面との段差400㎜。敷地面と床面との段差480㎜。

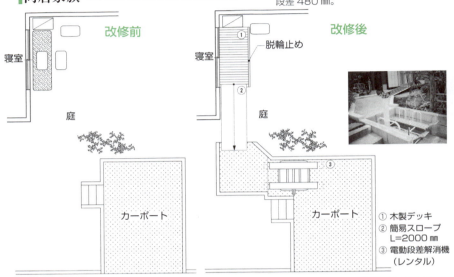

① 木製デッキ
② 簡易スロープ L=2000㎜
③ 電動段差解消機（レンタル）

身体状況等
82歳の女性。要介護認定4。骨折で入院を機に下肢の筋力低下著しく、介助型車いすでの移動となる。

ニーズ
本人の退院を機に、今後のリハビリ通院、散歩等、車いす使用での外出が可能な環境整備を行うよう病院から指摘されたことで、大掛かりでなく、しかも50代の嫁の介助で可能な方法が求められた。出来る限り現状の建物、雰囲気を変えたくないという要望があった。

福祉用具
介助型車いす（退院後から使用）・段差解消機（据え置き、手動式）・簡易スロープ（折りたたみ式、L=2,000）。

住宅改修
道路面と敷地面の段差400㎜、地盤面から床面まで480㎜、合計880㎜の段差があるが、玄関からの出入りは大掛かりな工事となる可能性があるため、庭に面しているカーポートを利用し、寝室の掃き出し窓から庭を経ての出入りを考えた。しかし、庭の景観を変えず庭木や庭石の移設をしないで対応したいとの要望を考慮する必要があった。寝室の床面とレベルを合わせた木製のデッキを作り、庭木等のないカーポートの横は車いすが90度曲がる場所となるためコンクリートを打っている。その面とデッキを結ぶ部分は、簡易スロープをかける方法を考えた。使わない時は、折りたたんでデッキ上にたてかけ収納しておくため、50代の女性でも持ち運び、設置ができるよう2mのスロープで12㎏、持ち手のついた商品を選択している。カーポートには段差解消機を据え置くことで、カーポート経由で道路に出ることが可能となった。

改修後
福祉用具と住宅改修を組み合わせることで費用をおさえ、庭の景観も損なわず、車いす使用が可能となり、気軽に散歩もできるようになった。

4
トラブルとデザイン

やってはいけない！
バリアフリーの常識・非常識

【協力】

溝口千恵子
株式会社　高齢者住環境研究所

畠山正広
高住研キヨタ株式会社

やってはいけない！　バリアフリーの常識・非常識

① 本人の動作確認なしに手すりを設置

【改修場所】…玄関ポーチの改修
【身体状況】…74歳男性。腎臓を患い、2年前より人工透析の通院をしている。ADL（日常生活動作）は自立だが、歩行が不安定。
【建物状況】…木造2階建ての新築住宅に妻と同居。注文建築で家族なりに加齢への配慮は行っている。

依頼経緯
実際に生活してみると、多々不具合を感じ全体のチェックを依頼された。玄関ポーチに3段の階段があり、本人が通院の際、昇降が困難なため手すり設置を建築業者に依頼した。ところが、その後設置された手すりは、肝心の階段昇降には全く役に立たない位置に取り付けられていた。「そこにしかつけられない」という建築業者の説明であり、家族は不信感を募らせていた。

問題点
建築業者としては、手すりをつけることが目的となってしまっており、何のために手すりが必要かという考えが抜けてしまっている、よくあるケースである。当然、本人の動作確認はなされていない。

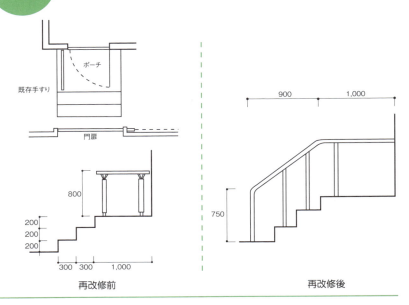

再改修前　　　　　　　　　　　再改修後

やってはいけない！　バリアフリーの常識・非常識

② 建具メーカーの言葉を鵜呑みにしてしまった 3mm の段差

【改修場所】…居室の改修
【身体状況】…69 歳女性。5 年前に事故により右下肢膝下を切断。車いす利用。
　　　　　　ADL は自立。独居であったが、心配した息子が同居を希望。
【建物状況】…押入を改修して専用トイレを設置。

依頼経緯
1 階既存トイレまでの動線を車いす対応にするうえで問題があったため、幅 1800mm の押入を改修し、本人専用のトイレを寝室に設置した。出入り口は寝室に面した 1800mm の開口を 3 枚引き戸に交換した。建具はメーカーの市販品を使用、出入口の敷居には 3mm の段差がありと表示されていたが、車いすでも移動できると書かれていたのを鵜呑みにして採用した。しかしその結果は車いすでの移動ができなかった。5 年間独居で車いす使用、操作にも十分慣れていたので、室からトイレの出入口に移動する際は、助走もあり 3mm の段差は全く問題なく移動はできた。

問題点
しかし、車いすをトイレ内に止め移乗、用を足し再び移乗後、車いすをバックで進める際、助走なしでいきなり 3mm の段差を越えることができなかったのだ。敷居部は 3mm の段差を面をとる形で仕上げられているため、そこを 30mm の長さの金物でおさえ、スロープの形状で対応した。

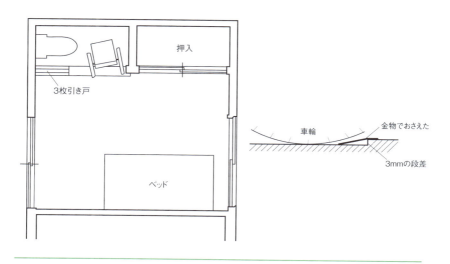

239

やってはいけない！　バリアフリーの常識・非常識

③ 本人のことを考えた結果が家族に使いづらくなったすのこの設置

【改修場所】…浴室にすのこを設置
【身体状況】…83歳男性。加齢による身体機能低下、段差の昇降が困難。娘家族4人と同居。
【建物状況】…築28年の木造2階建て住宅、娘と同居を決めた3年前に1度リフォームを行っている。

依頼経緯

浴室の出入口の180mmの段差と浴槽のまたぎがスムーズにできず、入浴そのものがおっくうになってきており、本人はシャワー浴を望んでいる。そのため洗い場にすのこを設置し段差解消を行った。浴槽が洗い場から400mm、深さ550mmに設置されているため、すのこ設置によって縁の高さが低くなってしまい、浴槽を使用する家族にとっては使いづらくなることは説明されていたが、父親中心にと考えて、家族は使用時にすのこをはずすなど、なんとかなるだろうと考えていた。

問題点

実際にすのこが納まると、本人はシャワー浴で段差の昇降もなくなり喜んでいたが、家族は思いのほか、浴槽の出入りが困難となり、すのこをその都度はずすこともできず、結局、家族が浴槽を使う際に必要な手すりの設置となった。

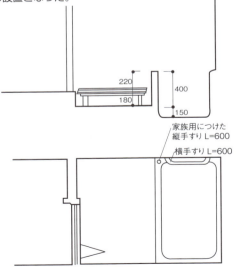

やってはいけない！　バリアフリーの常識・非常識

④ 本人の動作確認なしに無駄に取り付けた手すり

【改修場所】…浴室の改修
【身体状況】…78歳女性。加齢による身体機能低下、伝わり歩行をしている。
　　　　　　ふらつきもあるため、あちらこちらにつかまっている。
【建物状況】…築30年の木造住宅に独居。週2回程、近居の娘が訪問。

依頼経緯
ふらつきがあるため、1人での入浴に自信をなくしてきており、娘の訪問時に見守りでの入浴を行うようにしている。そのため、浴室内に手すりの設置を工務店に依頼した。

問題点
その後使用してみると、設置された手すりのうち使う手すりは5カ所のみで他の5カ所はまったく使用していないことが分かり、それを取り外してトイレと脱衣所に取り付けたいと依頼があった。行ってみると1坪の面積の浴室に合計10本の手すりが設置されており、工事時には、工務店から「ここにもあったほうがよい」と次々設置した結果、10本になったということであった。その際、全く本人の動作確認はされず、本人も「あれば使うだろう」と思っていた。よくあるケースである。

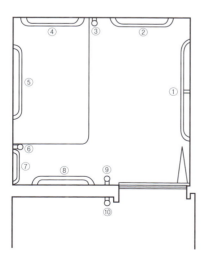

①横手すり　L=1000
②横手すり　L=600　※使っていない
③縦手すり　L=600　※使っていない
④横手すり　L=600　※使っていない
⑤横手すり　L=800
⑥縦手すり　L=600
⑦横手すり　L=300　※使っていない
⑧横手すり　L=600
⑨縦手すり　L=600
⑩縦手すり　L=600　※使っていない

やってはいけない！　バリアフリーの常識・非常識

⑤ 壁面がないからと、別の壁に取り付けた役に立たない手すり

【改修場所】…浴室の改修
【身体状況】…76歳男性。加齢による身体機能低下、段差の昇降、またぎ動作が不安定になっている。
【建物状況】…築34年の木造住宅に家族と同居。

依頼経緯
浴室の出入口の段差の昇降、浴槽のまたぎが不安定になってきたため、知り合いの工務店に浴室改修をしてもらっている。床の段差解消、それに伴い浴槽の裾え付け直しを行っている。またぐ際、手すりが必要だと依頼したが、本人が望む位置には壁面がないため、手すりはつけられないと断られ、代わりに浴槽の奥前の壁に手すりを設置していた。

問題点
ところが、またぎ動作の際にはそこまで手が届かず、つかまる場所もなく家族が手を貸して浴槽の出入りをしている状況で、相談を受けた。確かに手すりの欲しい場所には壁がないが、前面の壁にU字型の手すりを設置することで、またぎの際、つかまっての動作が可能となった。

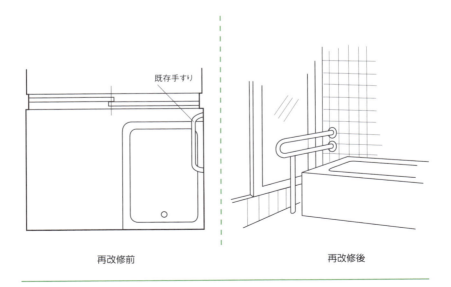

再改修前　　　　　　　　　再改修後

やってはいけない！　バリアフリーの常識・非常識

⑥ 利き手側である回り階段の内側に手すりを設置した

【改修場所】…階段改修
【身体状況】…75歳男性。内部疾患で手術後、身体機能の衰えを感じ、あちらこちらに手をついたりつかまったりして移動をするようになっている。
【建物状況】…築32年の木造2階建て住宅、1～2階にまたがった生活をしている。妻と同居。

依頼経緯

1日数回は階段の昇降を行っているが、降り口で回り階段になっている。出入りの建築業者が廊下、階段への手すり設置工事を行った。階段は両側に手すり設置を勧められたが、狭くなるため片側にしてもらった。その際、降りる時の本人の利き手側（右側）がよいと言われた。

問題点

実際に使ってみると、内側の手すりを使うため、回り部分の踏面が110cm程度の狭い所に足を乗せることになり、足を滑らすことがあるとのことで、相談を受けることとなった。その結果、降りる際の利き手側にこだわることなく、回り部分の外側、踏面が十分に確保されているところを昇降するように、使われていた内側の手すりと一部追加で、回りの外側に手すりを設置した。

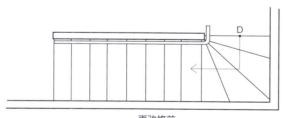
再改修前

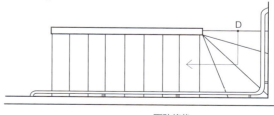
再改修後

やってはいけない！　バリアフリーの常識・非常識

⑦ 手すりがなぜ必要かを考えない設置例

【改修場所】…トイレの改修
【身体状況】…87 歳女性。大腿骨頸部骨折により、入院中。入院前も伝わり移動をしており、つまずきなど、不安定であった。
【建物状況】…木造 2 階建て住宅の 2 階を主に生活していたが、1 階に寝室を増築し居住。

依頼経緯

加齢により ADL が低下しているのを同居家族が心配し、30 年来のつきあいのある大工に、寝室の増築工事、1 階の動線上の壁のある場所に手すりの設置を依頼してきた。それにもかかわらず、屋内での転倒、骨折事故を起こしたため、手すりの位置などに疑問を感じ、ケアマネジャーを通して改修内容のチェックを依頼された。

問 題 点

寝室から廊下を経てトイレまでの動線上、壁がある場所には手すりは設置されているものの、移動のための連続性は考慮されておらず、数歩は手離しで移動せざるを得ない状況であった。トイレ内には、入口のすぐ脇にL字型手すりが付けられているものの逆 L 字型となっており、本人も家族も使用したことがない。手すりの設置だけが目的となっており、なぜそこに手すりが必要かという視点が欠如していた初歩的なミスである。

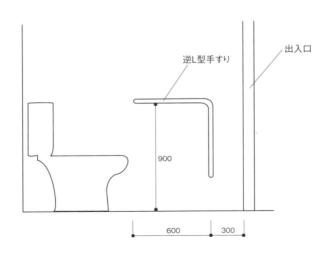

やってはいけない！　バリアフリーの常識・非常識

使用者の動作確認なしに設置された玄関ベンチ

【改修場所】…玄関の改修
【身体状況】…76歳女性。加齢による身体機能低下、ADLは自立。立ちしゃがみなど不安定な動作がしづらくなっている。
【建物状況】…築26年木造2階建て住宅の1階を中心に生活、夫と同居。

依頼経緯
2年前に玄関ホール、廊下の床を数cmかさ上げし、居間、寝室との床の段差解消工事を出入りの工務店の勧めで行っている。その際、玄関土間からの段差が数cm上がってしまうため、玄関ホールと土間にかけてベンチを作り、下足の脱着をしやすくするという提案をされ、ベンチが造作されていた。

問題点
玄関ホールと土間との段差は200mmあり、ベンチはホール床380mmの高さでそのまま土間まで延長されており、土間からの座面高さは580mmになっている。結局、土間からは高すぎて、本人はどうやって使ってよいか分からず、物置台として使用している。下足の脱着動作をそのベンチでどう行うのか、使用者はもちろんのこと、造った工務店も確認なしに、ベンチさえ造ればよしという安易な考えで、無駄な工事を行ったことになる。

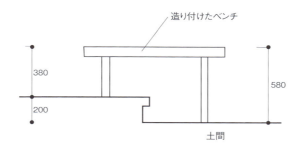

やってはいけない！　バリアフリーの常識・非常識

⑨ 浴槽のまたぎ動作の認識不足による浴槽の設置

【改修場所】…浴室の改修
【身体状況】…74歳女性。膝関節痛により階段の昇降が困難。入浴動作は自立しているが浴槽の出入りが困難になっている。
【建物状況】…築30年の木造2階建てに夫と同居。1階での生活を主としている。

依頼経緯
深さ600mmの浴槽が、洗い場から500mmの縁の高さに埋め込まれていた。浴槽のまたぎが困難となってきたため、知り合いの大工に相談したところ、足を上げるのが大変だから浴槽の縁を下げればまたぎやすくなると言われ、浴槽の据え付け直しの工事を行った。

問題点
縁の高さを300mmに据え付け、またぎやすくなったかと思われたが、使ってみると足は以前ほど上げる必要はないが、浴槽の底に足がつくまでの間、洗い場に残った片足の膝に力が入り痛み、出る際は、先に洗い場についた足の膝に十分力が入らず、以前より出るのが困難ということが分かった。またぐためには縁の高さを下げれば良いという単純な発想によるミスであり、浴槽への出入りという連続した動作と縁の高さ、浴槽の深さの関係を見落とした結果である。

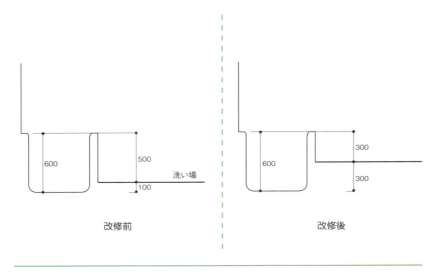

改修前　　　　　　　改修後

やってはいけない！　バリアフリーの常識・非常識

⑩ 本人が望まぬスロープを無理に設置

【改修場所】…和室（寝室）～廊下への引き戸　段差35mm
【身体状況】…72歳。転倒骨折により退院後2週間。入院中に筋力が低下しふらつきが多い。歩行はご主人が付き添い介助。要介護2。
【建物状況】…築20年の木造2階建て住宅、1階部。

依頼経緯

ご主人より「妻が段差を越える時に足を上げるのが大変そうなのでスロープを設置して欲しい」との依頼がある。奥様は「スロープなんかいらない」と言っていたが、ご主人の勢いに負け設置することに。
歩行レベルの人がスロープを使うと、スロープ上で不安定になりやすいので手すりの併用を勧めるが、常にご主人が介助をしているので必要ないとのこと。
傾斜をなるべく緩くするために特注で幅800mm、高さ35mm、奥行き350mmで、天端滑り止め塗装の木製スロープを設置した。
設置後、ご主人に確認していただいたところ「思ったとおりだ、段差を越えやすいぞ」と大変喜んでいた。奥様ご本人の確認は疲れているからと未確認で完了した。
3日後、ご主人からスロープを取り外して欲しいとの連絡が入る。どういう状況なのかを聞くと、奥様がスロープの上に両足が乗った時にバランスが取れず、次の足を出すことができなくなり怖がって通ろうとしない。

問題点

介助者がいいと思っても必ずしも本人の負担軽減になるとは限らない。
歩行レベルの人のスロープ設置は逆効果になることが多い。

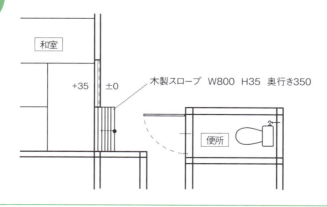

やってはいけない！　バリアフリーの常識・非常識

トイレドアの吊り元変更後に新たな問題が発生

【改修場所】…便所
【身体状況】…67歳、男性。歩行時につまずき転倒することがある。要介護1。
【建物状況】…築10年の木造住宅2階建て。新築時に段差なしで建築。

依頼経緯
歩行が不安定になり足腰も弱くなってきたので、生活しやすいように住環境を整備して欲しいと本人より依頼あり。
状況は、トイレのドアの吊り元が悪くドア開閉時に動線がドアを回り込むようになっており、トイレドアの吊り元変更を行うことで不安定な場所を解消する改修を提案した。

問題点
動線は良くなりスムーズに動けるようになるが、新たな問題が発生した。電気のスイッチの位置が既存のままなのでスイッチの操作が悪くなったとの話が出たため、センサー付きの照明を付けることで問題を解決した。

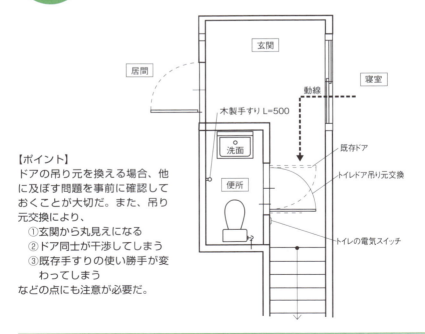

【ポイント】
ドアの吊り元を換える場合、他に及ぼす問題を事前に確認しておくことが大切だ。また、吊り元交換により、
　①玄関から丸見えになる
　②ドア同士が干渉してしまう
　③既存手すりの使い勝手が変わってしまう
などの点にも注意が必要だ。

やってはいけない！　バリアフリーの常識・非常識

⑫ 手すりで首つりに

【改修場所】…浴室の改修
【身体状況】…66歳、女性。立ち座り動作がしづらい状態。要介護1。
【建物状況】…築20年の木造2階建てアパート。

依頼経緯

転居によりアパートに越してきたが、浴槽が深く出入り時につかまるところもないので、つかまれるように手すりを設置して欲しいとの依頼がケアマネジャーからあった。
浴槽と壁の間にバランス釜があり、通常のI型手すりやL型手すりの設置をしても手が届かない状況のため、壁のコーナー部にL型手すりの設置を提案した。
取り付け時にご本人に高さと使い勝手を見ていただき決定、設置した。
完成後に、つかまるところができて安心して浴槽に入れるようになったと喜びの電話をいただく。

問題点

しかし、手すりの下部にあるガスコックを開閉しようとかがんで手を伸ばしたところ、ちょうど手すりが首につっかえ首つり状態になってしまったので高さをもっと低くして欲しいとの連絡がある。
入浴動作だけを意識して手すりの設置を行ったため、毎日ガスコックを開閉していることのヒアリングができておらずこの問題にいたった。
入浴動作以外の浴室での動作にも注意が必要だ。

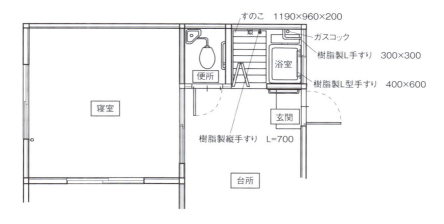

249

やってはいけない！　バリアフリーの常識・非常識

⑬ バリアフリー3枚引き戸から水漏れ

【改修場所】…浴室の改修
【身体状況】…60歳、女性。身体状況は特に問題なし。
【建物状況】…築20年の軽量鉄骨造2階建て住宅。

依頼経緯

将来、車いすになった時のために浴室の段差解消をして欲しいと依頼があった。現場の状況は、浴室部に18cmの段差があり、浴室入口はドアになっており、開口幅650mmであった。
洗い場をかさ上げし、ドアをバリアフリー3枚引き戸に変更し車いすでも入れるように改修し、段差ゼロに改修した。

問題点

浴室の水がバリアフリー対応3枚引き戸を通過し、脱衣室がプール状態になってしまうという問題が出てきた。原因の1つは風呂の使い方の問題があった。依頼主は、お湯を満水にしてザバーとあふれさせて入浴する方だったことだ。もう1つの原因は製品にあった。この製品は排水溝（グレーチング）の容量が小さく、サッシと排水溝が別体になっており、排水溝を通過した水が簡単にサッシを通過してしまう状況だった。メーカーの設計部が何度も対策品を持ってくるが、完全に解決することはできなかった。
バリアフリー3枚引き戸は、メーカーによってその構造に違いがあり、排水溝の上にサッシが走っているものと、排水溝と3枚引き戸が全くの別設計になっているものとがあることが判明した。後者はサッシメーカーが多い。家族の入浴の仕方を事前に確認しておくことが必要だ。またサッシメーカーのサッシを使い段差をゼロにする場合は、使い方によっては水が出てしまう可能性があることを事前に説明する必要がある。

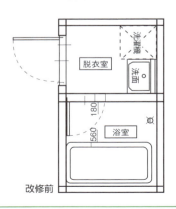
改修前

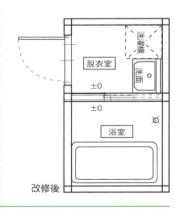
改修後

やってはいけない！　バリアフリーの常識・非常識

階段の3段目から始まり 2段を残して終わる手すり

【改修場所】…2階へ上がる屋内直線階段
【身体状況】…71歳、男性。急な筋力低下により段差を越える時にふらつきがある。要介護1。
【建物状況】…築15年の木造2階建て住宅。階段幅1800mm。

依頼経緯

ケアマネジャーより階段に手すりを設置して欲しいとの依頼があった。現場の状況を確認すると、新築時に大工さんがサービスで手すりを付けてくれたが、太さ52mm長さ4mの手すりを長さ5mの階段に取り付けたため、階段よりも手すりの方が短い状態になっていた。
階段手前から手を伸ばしても手が手すりに届かず1段も上れない状況だ。また太い手すりのため握っても力が入らない。

問題点

大工さんが、サービスで付けるのだからこんなもんでいいだろうと、使用する時の状況を考えて施工を行なわかったことに問題があった。

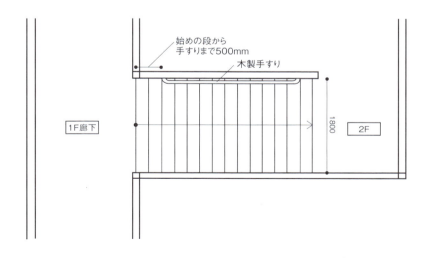

やってはいけない！　バリアフリーの常識・非常識

⑮ 階段の直線部のみに手すりを設置

【改修場所】…2階へ上がる屋内U型階段
【身体状況】…67歳。パーキンソン病により、すくみ足あり。方向転換がうまくできない。要介護1。
【建物状況】…築15年の2階建て木造住宅。

依頼経緯

パーキンソン病のため、手すりにつかまりながらならば階段の上り下りができる状況なのだが、階段の直線部分にしか手すりがなく、U型の踊り場部で手すりがなくなるために、その場で動けなくなってしまうとの相談がケアマネジャーよりある。
3年前に家を建てた大工さんに手すりの取り付けを依頼したが、大工さんまかせにしたためこういう状況になってしまっていた。ご本人はU型部分には手すりは付けられない構造だと思っていたようだ。それでも当初は使えていたが、病状が進行するにつれ使えなくなってしまった。
また、付けてくれた手すりがステンレス製のクローゼットに使うようなパイプだったため、握っているとパイプがくるくる動いてしまう状況だった。

問題点

家族と本人との打合せ不足。
くるくる回って危険なステンレスパイプを使うなど、大工さんの手すりに対する知識不足。

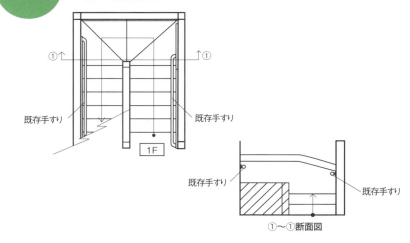

やってはいけない！ バリアフリーの常識・非常識

⑯ 家族が提案を受け入れてくれない

【改修場所】…廊下（寝室～便所）
【身体状況】…82歳。転倒骨折により退院直後。どこかにつかまっていないと歩行が出来ない状態。要介護2。
【建物状況】…築30年の木造平屋。

依頼経緯

ケアマネジャーより退院に合わせて手すりの取り付けをして欲しいとの依頼がある。
本人の歩行レベルは悪く、寝室へのポータブルトイレの設置・歩行器の提案もしたが、使い勝手が悪いと家族の反対を受け、寝室から便所までの手すりの設置を行う。
常に手すりにつかまっている必要があり、できる限り連続した手すりの提案を行う。便所の前で手すりが離れてしまうため、ドアの吊り元変更を提案するが（右下の図）、家族が反対し、便所前のみ不安定な部分が残る。

問題点

工事を行った日（退院日）の夜に1人でトイレに行った時、トイレの前でふらつき転倒骨折してしまい、そのまま病院に戻ってしまった。
家族の危機意識が欠落していたこと、ケアマネジャーをはじめ在宅にかかわるスタッフの説得が不足していたことが問題点として挙げられる。

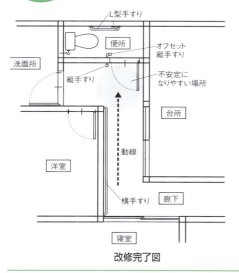

改修完了図

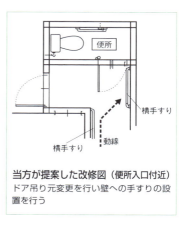

当方が提案した改修図（便所入口付近）
ドア吊り元変更を行い壁への手すりの設置を行う

やってはいけない！　バリアフリーの常識・非常識

⑰ 必要な場所に壁の下地補強がない

【改修場所】…玄関、廊下、居間、便所、寝室、脱衣室、浴室
【身体状況】…57歳、男性。筋萎縮性側索硬化症（ALS）。足に力が入らず常に両手に手すりを握っていないと立位歩行ができない。
【建物状況】…新築の木造2階建て住宅。ハウスメーカー施工。

依頼経緯

新築で家を建てたので専門業者の方に手すりの提案をして欲しいとの依頼が本人よりある。
下地は施工会社に入れてもらってあるので、どこでも簡単に手すりがつくようになっているとのこと。
実際に動いてもらいADLの確認を行ったところ、常に両手で手すりにつかまらないと歩行ができない状況。便所、浴室、玄関、廊下に縦型の手すりを手の届く間隔で設置することで安定して移動ができ、本人も縦手すりの設置を希望。
下地を調べてみたところ下地は床から90cmより下の場所に入っており、補強を新しく入れなければ天端1600mmの高さに縦手すりを設置することはできない状況が判明した。
新築なので補強板は使いたくないとの要望があり、クロスを剥がして壁の中に下地をつくり、手すりの設置を行った。

問題点

施工会社と本人のADLの確認不足。
手すりは90cmより下の部分に横手すりが付くものだとの施工会社の思い込みが原因。
難病の場合は特に事前の打ち合わせが大切になる。

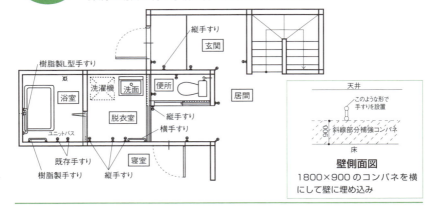

壁側面図
1800×900のコンパネを横にして壁に埋め込み

やってはいけない！　バリアフリーの常識・非常識

⑱ ふろふたと手すりが干渉

【改修場所】…浴室の改修
【身体状況】…69歳、女性。脳梗塞後遺症。麻痺はないが両手とも力が入りにくい状態。
【建物状況】…築45年の木造平屋住宅。

依頼経緯
浴室に手すりを付けて欲しいとのケアマネジャーを通しての依頼。浴槽横にL型横手すりが欲しいとの依頼があり、動きを確認して、一般的な高さの浴槽のふちより10cmに手すりを設置することにした。巻きふた式のふたの場合、手すりを設置したことによりふたが巻けなくなってしまうので、それでもいいのか当人にそれを確認したところ、巻けなくても大丈夫ですとの確認を得て設置した。

問題点
後日、手すりが付いて楽になったが、巻きふたをどかそうとすると、手の力が弱く、浴槽にふたが落ちてしまう状況になったため、もっと手すりの高さを上げて欲しいと言われる。
手すりを付けた後にふたが巻けなくなった、とのクレームはよく聞く話だ。事前の説明と、本当にふたが巻けなくても大丈夫なのかの確認が必要となる。

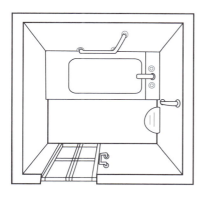

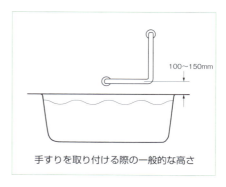

手すりを取り付ける際の一般的な高さ

やってはいけない！　バリアフリーの常識・非常識

⑲ 浴槽交換に伴うクレーム

【改修場所】…浴室の改修
【身体状況】…65歳、男性。浴槽のまたぎ動作がしづらい。要介護1。
【建物状況】…築30年の木造平屋住宅。

依頼経緯
浴槽の出入りがしづらくなったので浴槽を交換して欲しいと依頼があった。
現場を確認すると、和式タイプの深い浴槽が床に埋め込まれており、入ることはできても出られなくなったことがあり、安全に出入りができるように提案して欲しいと本人より相談を受ける。
そこで、深さ60cmと深かった浴槽を、50cmの浅い浴槽にするように提案し交換した。

問題点
出入りは問題がなくなったが、肩までどっぷりつかる習慣に慣れており「こんな浅いお風呂じゃ入った気がしない、これじゃあ冬寒いじゃないか」とクレームを受けた。
お風呂イコール肩までつかる、という身体にしみついた長年の感覚を十分には認識していなかった。
前のように肩までどっぷりつかることはできなくなると、よく説明すべきだった。

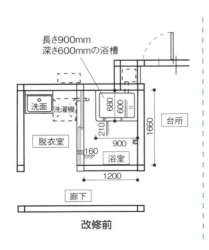

改修前

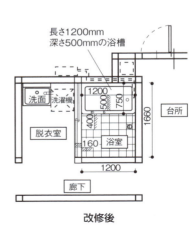

改修後

バリアフリー関連の特選ホームページ③

ホームプロ
http://www.homepro.jp

ホームプロには、一定の基準をリフォームのご要望に応じて、対応可能な加盟リフォーム会社を中立の立場でご紹介しています。住まいの老朽具合やリフォームの要望は、家によってそれぞれ。リフォームは「オーダーメイド」であり、決まったプランや定価はありません。自分で複数社の候補を探し、見積もりをとるのは大変ですが、ホームプロなら簡単に複数の会社を比べて、納得の1社を見つけることができます。

浴室

リクシルバリアフリーリフォーム
http://www.lixil.co.jp/reform/

リクシルが運営する、バリアフリーリフォームの商品情報やショールーム、施行事例をご紹介するホームページです。リフォームに関する、あらゆる情報や要望にお応えしています。WEBで気軽にリフォームや商品の検討・相談をしたり、またコンセルジュに相談できるお店を探すなどが簡単にできます。さらに、キャンペーン情報も充実しています。

高齢者住環境研究所
http://www.kojuken.com/

高齢者や障害者の生活をトータルに配慮した設計・施工を専門に多くの住宅リフォーム実績をもつ会社のホームページ。1991年に設立された高齢者住環境研究会が母体となっており、住宅の改造工事ではきめ細かい提案と工事には定評があります。いつ、どのようなタイミングでリフォームを行うかや、事故予防の観点からのリフォーム、失敗しないためのリフォームなどの解説ページも充実しています。

【執筆者一覧】

高齢者住環境研究所

溝口　千恵子	高齢者住環境研究所代表	（介護保険制度の住宅改修の基本・3. 住宅改修とデザイン・4. トラブルとデザイン）
畠山　正広	高住研キヨタ株式会社	（4. トラブルとデザイン）
別所伊都子	高齢者住環境研究所	（3. 住宅改修とデザイン）

バリアフリーデザイン研究会

田辺　芳生	プライム建築都市研究所代表	（1. 動作とデザイン）
井上　文	環境企画G	（1. 動作とデザイン）
川田　あけみ	PLAN・K代表	（1. 動作とデザイン）
末延　豊子	ケアデザインステーション代表	（1. 動作とデザイン）
手塚　昌宏	ヤマギワ	（1. 動作とデザイン）
中里　京子	環境企画G	（1. 動作とデザイン）
小原　礼子	無名設計システム	（2. 行為と空間デザイン）
小松　利一	小松アトリエ代表	（2. 行為と空間デザイン）
篠原　純子	J's INTERIOR WORKS	（2. 行為と空間デザイン）
林　葉子	林葉子・生活ステーション代表	（2. 行為と空間デザイン）
西堀　トシコ	インテリアコーディネーター	（2. 行為と空間デザイン）
溝呂木百合	インテリアコーディネーター	（2. 行為と空間デザイン）
土屋　千寿子	I.D.PRO代表 インテリアコーディネーター	（2. 行為と空間デザイン）
本橋　勝	（合資）デザインパートナーズ・本橋設計室代表	（2. 行為と空間デザイン）
吉田　玲子	インテリアコーディネーター	（2. 行為と空間デザイン）

NPO法人とちぎノーマライゼーション研究所

伊藤　勝規	理事	（3. 住宅改修とデザイン）

イラスト　中島敏晴

高齢者住環境研究所

高齢者の実情と設計業務のギャップ、女性ならではの生活に密着した発想から高齢者住宅研究所を設立。バリアフリー住宅改修のパイオニア的存在で、手掛けたバリアフリー設計の事例はゆうに1,500件を超える。

バリアフリーデザイン研究会

リビングデザインセンターOZOENの中に設置されている研究会のひとつで、実践的活動家の集まりである。バリアフリーをキーワードに住まい全般を考えている研究会で、現在も活動中である。

【初出一覧】

バリアフリー・デザインハンドブック 2000 年版特集　　建築資料研究社
バリアフリー・デザインガイドブック 2001 年版特集　　三和書籍
バリアフリー・デザインガイドブック 2004 年版特集　　三和書籍
バリアフリー・デザインガイドブック 2006 年版特集　　三和書籍
バリアフリー・デザインガイドブック 2009-2010 年度版特集　　三和書籍
バリアフリー・デザインガイドブック 2013-2014 年度版特集　　三和書籍

必携 実例でわかる福祉住環境
バリアフリー住宅読本 [改訂新版]

2016 年 1 月 15 日　第 1 版 第 1 刷
2016 年 3 月 30 日　第 1 版 第 2 刷

著　者　高齢者住環境研究所・
　　　　バリアフリーデザイン研究会・
　　　　伊藤　勝規
発行者　高橋　考
発　行　三　和　書　籍

〒112-0013　東京都文京区音羽2-2-2
電話 03-5395-4630　FAX 03-5395-4632
info@sanwa-co.jp
http://www.sanwa-co.com/

印刷／製本　モリモト印刷株式会社

乱丁、落丁本はお取替えいたします。定価はカバーに表示しています。
©sanwa co.,Ltd. 2016　本書の一部または全部を無断で複写、複製転載することを禁じます。

ISBN978-4-86251-190-4 C3052

本書の電子版（PDF形式）はBook Pubの下記URLにてお買い求めいただけます。
http://bookpub.jp/books/bp/423

三和書籍の好評図書

Sanwa co.,Ltd.

2015-2016年度版
実例でわかる福祉住環境
バリアフリー・デザイン・ガイドブック

バリアフリー・デザイン・ガイドブック編集部編
A5判　334頁　並製　定価3,400円+税

特集テーマは、防災・住宅内事故対策とバリアフリー。災害時に家族が1週間過ごせるシェルターを備え日常的にも快適に暮らせる家の紹介や、高齢者の住宅内事故の分析と改修のポイント、実際の改修事例の紹介、また、「安全な転倒のしかた」の紹介まで盛りだくさんの内容。

バリアフリーマンション読本
<高齢者の自立を支援する住環境デザイン>

高齢社会の住まいをつくる会　編
A5判　136頁　並製　定価2,000円+税

一人では解決できないマンションの共用部分の改修問題や、意外と知らない専有部分の範囲などを詳しく解説。ハートビル法にもとづいた建築物の基準解説から共用・専有部分の具体的な改修、福祉用具の紹介など、情報が盛り沢山。

建築基準法の耐震・構造規定と構造力学

石山祐二著
A5判　556頁　並製　定価4,800円+税

日本の耐震規定は、建築基準法と同施行令と建設省告示・国土交通省告示などにより、詳細に規定されている。しかし、法令や告示の条文を読み理解したつもりでも、建築物に対する耐震規定を含む構造規定は、わかり難いのが実状である。本書は、耐震規定の全体像をわかりやすくまとめ、さらに法令・告示にどのように対応しているかを示した。

建築構造を知るための基礎知識
耐震規定と構造動力学

石山祐二著
A5判　334頁　並製　定価3,400円+税

改正建築基準法に対応！　構造の「どうしてそうなるのか」を知るための本。数式の誘導を丁寧に解説！　建築構造に興味をもつ人、構造のしくみを知りたい人、建築構造にかかわる技術者や学生の必読書。地震被害と耐震技術、構造動力学の基礎、構造動力学、付録の4部構成でそれぞれの項目について詳細に解説。